# 「継ぎはぎ家族」を楽しむ

古川柳の子育てから学ぶ家族の姿

青葉紘宇

# はじめに

　ある里親調査の報告に「日本の里親は里子を家族の一員として受け入れようとする想いが強い」とありました。この結論の背景には、子育ては衣食住に加えて心を養うことこそ大切であり、里子を自分の子どもと同様に位置づけないと心に辿り着けないと考える事情があるからだと思われます。里親は里子が家族の一員となることを求めながら子育てを進めるうちに、親から子へと代々受け継がれた日本的子育てに辿り着いてしまうようです。里親も日本的伝統から抜け出られなくなっている姿が見えてきます。

　日本的とは何かとなると説明するのに言葉に窮しますが、昔と比較して見ると輪郭が見えてくるのではないかと考え、江戸時代に流行した古川柳を選んでみました。そこに展開している世界はしかつめらしい偉い人の養育論ではなく、庶民の声としてユーモラスに、ときにはピリリと辛く、そしてクスンとさせる子育ての偽りのない風景が展開していました。時代も違えば社会体制も大きく異なっているにも拘わらず、今に通じる子どもや親の日常生活に驚かされもしました。

また、私たち里親は子育てで壁に突き当るときがあります。そんなとき我がご先祖様も同じように子育てで苦労し喜びを見いだしていた姿に接したとき、自分と繋がっていると思ったとき、一人で戦っていることから解放され元気が湧いてくるのを覚えました。その時々を懸命に生きて子育てに取り組み、今の私達へ繋いでくれた大いなる先人の試みに親しみと連帯を感じるときでもありました。子育てに迷ったとき古川柳が発している声に接することは、家族の原点を彷彿とさせてくれて一服の清涼剤を口にするようでもあります。

さて、今の里親生活の現実に戻ってみると、里親と子どもが出会って実際に子育てで何やら大変さが身に迫ります。家族を形成するに当たって避けることのできない煩わしさと向き合うとき、家族の皆が我慢しながら新しい人間関係を作り出さなければなりません。外から見る子育てと現実の子育てとの違いがかなりあると感じる方も多いのではないかと思います。私どもの里親生活は失敗もあれば後悔もありの連続でもあります。そんなとき、多くの里親はケーキを食べながらおしゃべりをしたり、映画を見たりプチ家出を敢行したりと、それなりの方法でストレスを乗り越えていきます。とは言っても、解決するのは自分以外になく、他人に頼ってばかりでは済まされません。子どもとの生活が始まれば、目の前の課題から逃げることは許されないからです。

古川柳の軽妙な受け返しと街の暮らしの逞しさに接することが子育ての気付きに役立ちそうでもあり、子育ての重さに落ち込んだときの気分転換の一助になるのではないかと思われます。

古川柳は当時の言葉の使い方の約束事、事件や流行を熟知していないと理解できない句も多くあり、近付き難い分野でもあります。そんな中にあって子育てを詠んだ句は今に通じる字句が使われるなど比較的分かり易い領域でした。もとより筆者は文学や歴史の専門家ではありませんので、本書は江戸時代と今を学術的に比較したり研究するものではありません。ましてや川柳の芸術性を云々するものでもありません。むしろ素人である強みを活かして読み取りやすい句だけを選び、里親生活からの視点で勝手な見方を付け加えています。古典への従来の向き合い方とは大きくずれており、川柳愛好家の叱責が目の前にちらつきます。勝手な解釈や思い違いで話しを展開してしまっていることもあるかと思いますので、ご叱責を賜れれば幸いです。

## ■句の表記など

川柳は新聞の投稿欄やサラリーマン川柳など今でも根強い人気がありますので、現在の川柳と区別する意味からここでは俳風柳多留とその続編の排風柳多留拾遺に掲載された句を古川柳と仮に表現しておきました。江戸期の川柳は膨大な数の句が残されていますが、ここでは一般書店で入手可能な岩波文庫版「誹風柳多留と柳多留拾遺（全6冊）」から選んでみました。

句の表記については、文庫版で使用している表記を基にしながら一目で読み取れるように、今使っている漢字と仮名表記にして分かち書きなど工夫してみました。子育ての句で理解できないものもあり、今の語法で理解できる句に絞って取り上げるところにしています。

末尾に（2―10）とあるのは、岩波文庫版整理番号で（2編―10頁）、同じく（S3―5）は柳多留拾遺の（拾遺3編―5頁）に載っていることを表しています。無印は類似の句集からの拾ったものです。

点描は、我が家の成人した元里子が語ってくれた話と里親暮らしから、里子が巣立つに当たって心掛けた事と障害を持つ子どもとの暮らし振りを柱に拾い集めたエピソードです。今の里親制度の下で一つの現実の姿として、参考にしていただければと思います。

コラムの統計は平成30年度児童養護施設入所児童等調査（厚生労働省）から作成したものです。

# 目次

# 第1章　子育ての風景

親は子育てに懸命になって動き回っているのに、外から見ていると滑稽にさえ見えてしまいます。一方、外からみて大変だなと見えることも、当事者の親にとっては生きがいであり楽しい一時にもなっています。古川柳ではどのように詠んでいるのでしょうか。

親と言えば子どもの成長を喜ぶ姿、戸惑う姿は今も昔も同じでしょう。子育てはどうしても母親が軸になり易いのは仕方のないことでしょうが、川柳では父親の子育てへの参加風景が出てきています。そして母親は息子を庇い過ぎる姿などでも登場したりします。また、奉公に出ている子どもの藪入りの風景や叱ったり、説教したりする句も出てきます。

## 《親の動き》

子育てに当たって親の愚かさに見えるかも知れない動きに、人としての温かさが滲んで見えてきます。大人の動きは複雑なところがあったりしますが、川柳の子育て場面ではストレートにありのままに表現されているようです。純真な子どもと対峙すると大人は誰でも単純な動きになってしまうのでしょうか。時代を経ても心に響くのは、子どもの純真さが根っこにあるため、大人が引っ張られてありのままの姿を出さざるを得ないのです。子育て冥利に尽きるところです。

**▼柿の木の下へ　気付けを持って駆け**（24―4）

「虎ちゃんが木から落ちた」と子どもの声、気付薬を持って駆けつける親。柿の木に登ってしまったと聞いて、慌てて木の下に親が駆けつける風景も描けるかも知れません。はらはらさせる子どもの元気な姿と親の姿が対照的です。

○この句では木の下に駆けつけている親の姿が滑稽に映っています。しかし、気付け薬を持って駆けつける親は、このことが初めてではないのでしょう。前にも何回か同じようなことがあったのでしょうか。今でいうＡＤＨＤの子どもかも知れません。

平成の初めアスペルガーなどの用語が余り広がっていなかった頃、里親にそのような子どもが措置されるのは珍しいことでした。里親間の会話では「落ち着きのない子、急に暴れる子、忘れ物の多い子」などと語られていました。専門家の間ではカタカナ混じりで表記をするような症状の子どものいることは分かってたのでしょうが、里親には例外的に措置されている程度でした。時は進み今では多動な子どもが当り前になっています。里親の心構えや支援の方法を見直さなければならい所まで追い込まれているようです。そうしないと潰れてしまう里親が溢れてくるのではないかと心配されます。

このような子どものを「元気な」とだけで解釈するだけでは説明が付かないようです。もう少し別の見方をする必要がありそうです。日常的に周囲をはらはらさせる動きや悪戯をして親を悩ませる子ども、里親をしているとそんな子どもの話しが沢山聞こえてきます。

私達がこれまでに経験してきた悪戯や悪ふざけとは質的に違う動きをする里子について専門の方に伺うと、発達や愛着に課題を抱えていることが多いとのことです。躾が悪いとか、もっと厳しくしないからだなどの解釈とは質的に異なる何かがありそうです。もっと身体の奥の方から湧き出てくる力による動きのようにも見えます。

## 《点描》 満身創痍ですね

エレベータに乗ると行き先のボタンを全部押してしまう。ブランコも順番を待てずに並んでいる子どもを泣かしてしまう。学校に行くのも上履き袋を忘れる。勉強中もきょろきょろして外へ飛ぶび出してしまう等々里親にとって冷や冷やです。体育館で頭を打って運び込まれ、髪の毛を切られて坊主頭になってしまいました。医者から「満身創痍の子ですね」と。

そんな「困った君」も今は子ども二人の父親となり、職人として一家をなしています。仕事では失敗しないようですが、奥さんとの間では我侭が出て怒られています。その彼に今我が家に来ている動きの激しい子どもと遊んで貰う機会がありました。「疲れる!俺もこうだったのかな」と彼の一言。

## ▼よく寝れば　寝るとて　のぞく枕蚊帳《まくらがや》（S9—13）

枕蚊帳：子ども用の小さな蚊帳、
起きていれば元気でうるさいのですが、反面ぐっすり寝ていればいるだけに心配になって小さな蚊帳を外して顔をのぞき込んでしまいます。

○寝顔の可愛さを詠んだ句に「**いたずらの憎さも　夢の子の寝顔**」もあります。目が覚めている間はとにかく悪戯でじっとしていない子どもでも、寝顔は可愛いものです。夢を見ているのか、むにゃむにゃしている寝顔はなおさらです。

子どもに罪はないという実感を持つときでもあります。子どもの成長や変わっていく姿に接する時、疲れを忘れさせてくれます。子どもが眠りに就くとホッとする一時でもあります。

いろいろな子どもと暮らしを共にしていると、寝姿で子どもの元気度が分かります。ごろごろ布団からころがり出ることもしばしば。夜中に何度布団を掛けなすことか。そう言いながらも「寝る子は良く育つ」爆睡する子どもには感謝です。

生活を始めた頃は寝付きが悪く寝ているかどうか分からない、ちょっとした音で目をさます子どももいます。長く続く場合もあれば、暫くしてすんなり寝付くようになることもあります。ゲームに嵌まり昼夜逆転して朝起きられない子どももいれば、夜でも家の中をうろついて、冷蔵庫を開けて何やらむしゃむしゃと口に入れたりする子もいます。直ぐに目を覚ます子どもは、新しい環境に動物的に警戒をしているのかも知れません。昼はそのまま学校へ行くのを見ると、何処で寝ているのか不思議に思う時もあります。子どもの眠りが浅いのはどちらにしても心配です。

### ▼寝ていても　団扇《うちわ》の動く親心（1―31）

夏の暑い日にお昼寝をさせています。お母さんが団扇で風を送っているのでしょうか、蝿などを追っているのでしょうか。お母さんもうとうとしているのに手は動いています。

○不思議なもので誰でもこんな境地になっていきます。子どもと出会う前は、本能のような自然の動きができるのか心配ですが、「案ずるより産むが易し」自然とそうなっていく姿に驚きます。人間は血の繋がりだけが確かなものではなく、心の絆を結ぶことも確かなものの一つだと気付きます。

▼**親ゆえに　迷うては出ぬ　物狂い**（1―4）

謡曲の中の「子ゆえに　迷う親心」を下地にした句。子ども失った親は悲しみにより迷って出る程になります。翻って親を失った子どもは、それ程でもありません。

○分かり難い句ですが、この読み方で良いのか悩んでいます。幼くして親を失った子どもの視点に立つと、その寂しさ不安は並み大抵なものではありません。親との別れはその後の暮らしのスタイルが大きく変わることもあって、子どもの性格までも変えてしまいます。本当に心から甘えられる大人との出会いに恵まれないと、心を開かない難しい子どもに育ってしまいます。里親がその隙間をどのくらい埋められるか大きな課題です。先人もきっとそこにチャレンジしていたことでしょう。

## ▼子を持って　ようよう親の馬鹿さ　知れ（S10―26）

親不孝を散々して大人になります。自分が親になって初めて親馬鹿を理解していきます。

○やはり馬鹿になりきらないと親業は務まらないのでしょうか。子どもと一緒にいると自然と顔が緩んできますが、ふと我に返って足下を見ると「里親なんて損な事ばかり」と自虐になることもあります。そう言いながらも、子どものいる暮らしはまんざらでもないのです。嬉しくもあります。

家の中は家族が飾らない姿を見せられるところです。特に子どもとの会話のやり取りにはどんなに堅苦しい親でも目尻が下がります。とは言え、子どもと微笑みで話せる場面は中高生ともなると少なくなります。子どもとの神経戦を含んだ戦いが続きます。

子どもは悩んでいることを形を変えて親にぶつけてきます。ああでもない、こうでもないと怒りを表に出し、思っていることの反対をやってのけることもしばしばです。幼児は幼児なりに、思春期はそれなりに反発してきます。その度に親は慌てふためきます。そんな毎日の繰り返しが子育てです。

**▼子をあやす内は　本気のようでなし**（4—27）

子どもをあやしていると意識している内は、本当の親子にはまだまだ。句の添削として「子をあい（愛）すうちは」と並んで載っています。

○子どもとの自然な関係になるには、一山も二山も越える必要があります。生活が慣れるまでどうしても意識的に子どもに接してしまいます。あやし方もぎこちなく、変に意識してしまったりしてしまいます。子どももそれを察知してしまうのか、抱っこしても棒のように突っ張ってしまいます。時間と共に言葉も滑らかになり、ぎこちなさが消えていきます。子どもと目を会わせれば心が通じ、意識して子どもをあやすことなど必要がなくなって行きます。いつの間にか子どもをあやしています。

里親の目立たない素朴な活動にこそ真骨頂があります。子どもが順調に育つことが目的であって里親のために里子がいるのでもなく、里子は里親のアクセサリーになることを望んでいる訳ではありません。

**▼背中の子　尻をもじって　叱るなり**（16―24）

おんぶ紐で背負っているのですが、両の手がふさがっているのでしょう。「そんなことしちゃ駄目」と言いながら母親はお尻を揺すって叱っています。

おんぶしているのが遊びに夢中な子守りか、兄弟のこともあるかも知れません。最近は見かけませんが、戦後の一時期まで子どもを背負って遊んでいる子どもが結構いたようです。

**▼手を打って　お出で　おいでと　子煩悩**（11―3）

他の句集には、

「**手習いにあげて、我が子を見違える**」今でいう小学校に入学したときの風景と同じです。いつも泥だらけで遊んでいる姿とは違って、昨日までの同じ子どもとは思えません。どこかしゃきんとした姿に気付きます。良くここまで育ってくれたものだとつくづく感じます。

**▼真ん中に　歩んよは　おへた（下手）　ぶら下がり**（S10―22）

二人の間で両手にぶら下がって歩いている子ども。普通は「歩んよは上手」というのでしょうが，この句ではもじっています。どこでも見られる光景です。

**▼買いにやる子へ　絹糸を五六寸**（6―36）

幼児さんが買い物のお手伝いです。絹糸の見本を少し持たせて同じものを買いにやらせます。

同様な句に

「**このような糸をと　銭に括り付け**（17―14）」もあり、幼児の社会参加の事始めです。

「**子の使い　垣から母が　あとを言い**」子どもを使いにやったのですが、言づてを忘れてしまって、使い先の隣の玄関の前でもじもじしています。母親が垣根越しに小声で用事を伝えています。

「**分かりかね　使いを抱いて聞きに来る**」お使いに行って用事を忘れてしまい、相手先が子どもを抱っこして用事を聞きに来ます。微笑ましい近隣関係です。子どもが絡む、大人同士だけですと話しのきっかけが掴めないのですが、子どもが間に入ると自然に口がけるようになります。今は公園デビューなど言われるように、子どもが遊んでいる側で大人が盛んに話し込んでいます。

**▼子を一つ睨（にらめ）ておいて　申し訳**（21―14）

子どもが喧嘩でもしたのでしょうか。自分の子どもを先ず睨んで叱っておいて、相手の親に話しを切り出しています。子どもを持った親の上手な付き合い方です。

**▼子を持って　近所の犬の名を覚え**（S9―13）

子どもができて散歩に行くと、子どもは犬の名前を呼んでいます。いつの間にか親も犬の顔と名前を覚えて子どもをあやしながら話を繋いでいきます。

犬の名前を覚えたのは母親よりも、父親のような空気を感じます。川柳に父親の子育て参加場面が登場してくるのを考えると、今よりも父親が子育てに参加していたようです。日が暮れると帰宅でき、長距離通勤ではなかったことも子育てに参加し易かったのでしょう。

○子どもを持つと近所付き合いもし易くなります。学校や保育園などで親はいろいろ出会いの場を持つことになります。習い事やサッカークラブ、子ども会なども地域に広がっています。送り迎えやバーベキューの準備、会場確保の順番取りも親の仕事になります。

里親はそんな仲間に入っていきます。里親の年令は幼稚園の親達とは少し高くなっていますので、はじめは違和感を覚えますが、割り切ってしまえば何ともなくなります。子どもも大人もそんなことは気にしていません。人付き合いの苦手な人も不思議と子どもが絡むと共通話題も出てきて何とか仲間に入って行けるようです。子どもを育てることの効用の一つは、地域社会の中に話し相手が増えることです。子はカスガイの諺は地域とも繋げてくれます。

里親も2人目、3人目の里子となると、若い親世代とは年齢的にも相当違いが出てきます。自分の子ども位の人が親になっています。その位になれば、自分も周りも里親子の関係を理解してくれていますから、どっしり構えれば良いだけです。おばあちゃん役も良いものです。

親子の場面ではなくとも、子どもを仲介にすると普段取れない動きをすることもできます。そんな絵柄を詠んだ句に「**子を抱けば、男にものが言いやすし**（1—33）」があります。赤子を抱いているのは娘さんでしょうか。好きな彼氏に話しかけ易いようです。赤子に語りかける形を採って本命の彼氏に語りかけています。娘にとっては赤子はアクセサリーの一種なのでしょうか。子どもは大人のコミュニケーションの潤滑油になります。

**▼祭りから戻ると　連れた子を配り**（1—41）

近所の子どもをまとめて連れて祭り見物です。帰ってきた後、子どもをそれぞれの家に戻しています。これも近所の子どもを一緒に面倒を見ている風景で、地域で子育てを広くかかわっていたのでしょう。

**▼習わぬ経を覚えたで　孟母　たな（店）を替え**（23—39）

孟母：孟母三遷の喩、孟子の母は教育に良い処へ三度住まいを替えた。お寺の町でお経を覚えたので、次の目標に向けて住むところを替えている。店と表現しているのは「庶民なのに」を連想させます。

○他の句集に「**おっかさん　また越すのかと　孟子言い**」もあります。里親は簡単に住まいは変えられません。今風に言えば学校を選ぶ人はいると思います。学校によってステイタスが違ってくると思っているからでしょう。友達も違ってきますので、ある種の期待があるのでしょう。里子の実際を見ると、残念ながら上手く機能した話は余り聞きません。他の子どもと差を付けようとする試みは、出発点で自分さえよければ良いとする考え方が背景にあるようです。

**▼子の寝冷え　翌日　夫婦喧嘩なり**（11―12）

朝起きるとき子どもは熱っぽくなっています。布団を蹴飛ばして風邪を引いたようです。どうして昨日の夜あなたが布団を掛けなかったのか、目を覚まさなかったのはお前だと夫婦で相手を責めています。

**▼小児医者　一つのきず（瑕）は　こわい顔**（14―17）

困ったものです、この医者の顔はこわい感じがします。せめて子どもが寄れる優しい顔ならば良いのですが。

**▼小児医者　匙を取られて　手を重ね**（11―25）

診察が終わり薬を調合するとき、子どもに匙を取られてしまい、手を合わせて「頂戴」をしています。

その結果「**小児医者　坊や坊やと　にじり寄る**（8―5）」となり、子どもの機嫌を執るしか方法がありません。大人は子どもに勝てません。「にじり寄る」の表現が雰囲気を出しています。

**▼子を抱いて　総身のすくむ　角力とり**（6―2）

大きな身体のお角力さんが小さな子どもを抱っこしてみたのですが、様子が分からず身体が固まってしまいます。コツが分からないと余分な力が入ってしまいます。子育ては慣れが全てと言える世界です。

コラム

## 里子の実親の状況

子どもが児童相談所から里親に措置されるとき、約2割の子どもが両親ともいない、または不明な状態となっています。里子が18歳になるまでに両親が亡くなる場合もありますので、実親のいない里子は2割を越えてしまいます。

視点を変えて見ますと、約8割の子どもには片親を含む親がいることになります。もちろん直ぐには親元へ返さない方が良い場合もあり、機械的に考えることは慎重にすることにしなければなりません。

子ども自身の心の寄り処がどこになっているのか重要な課題となります。また、18歳で里親家庭から離れるときにもこの問題が浮上してきます。子どもと里親との将来関係を占うのに重たいファクターとなります。

里子の親の状況（全数6,240）

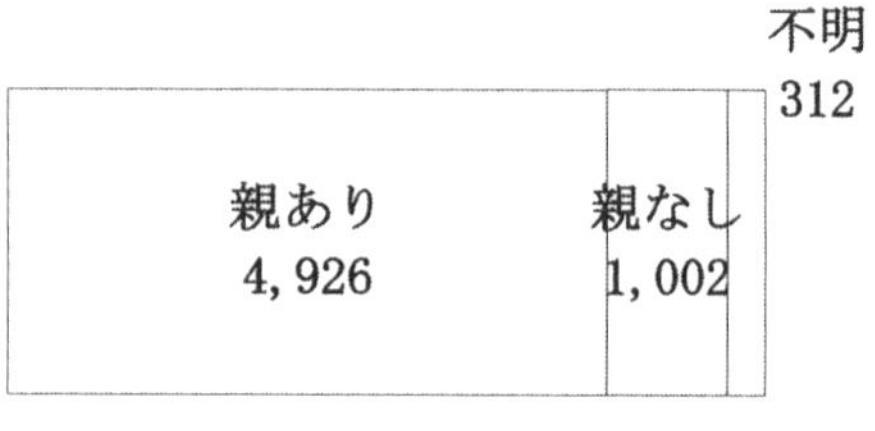

**▼子ができて　川の字になる　親子かな**（1―4）

有名な句でそのままの意味。親も子どもも満足です。

○他の句集に川の字をもじった句も出てきます。逞しい庶民の想像力と共に面白く反応する庶民の洒落れた知恵を感じます。

「**子が増えて　す（洲）の字になる　夫婦かな**」

「**しばらくは　りの字に寝たり　天川屋**」（離婚などで連れ合いがいなくなると「り」の字になります。天川屋＝天野屋：妻を離縁して忠臣蔵の討ち入りに資金を援助した逸話あり。

○子どもと川の字に寝るのか一人で寝かせるのが良いのか話に出ることがあります。どちらに軍配が上がるかは難しいところです。欧米の子育ては子ども部屋で一人で寝る子育てをしていると聞いています。日本も欧米のどちらも社会は順調に発展していることを見ると、結論は出ないのかも知れません。これまでの日本家屋は狭く子ども部屋を独立して設けることができない事情もあるのでしょうか、日本は添い寝が伝統となっていることだけは確かです。

昨今は愛着に問題を抱えている子どもが増えており、成長に少なからず影響を与えていることが指摘されています。幼児期の肌を触れあわせた愛情の確認が人間の基礎を作ることは私ども専門家でなくとも分かる気はします。とは言え小学校後半になっても川の字方式では先が心配にはなります。普通は子どもが成長するに従って親を避けたくなる筈ですが、子どもと一緒に寝る話を里親の集まりで聞くことがあります。それによると日々の習慣・惰性でそうなっている例が多いようで深い意味はないようですが、実のところ、おやおやと思っています。

## コラム　里子の村

戦前までは、日本の所々に里親が集まっている地域があり「里子の村」と言われていました。乳児には母乳が必要であったため、渋谷区の養護施設では里親へ再委託され、3歳または6歳で施設に戻る方式を採っていました。施設に引き取ってから暫くして、子どもは奉公に出されていたようです。

資料によると村の中の里親集団にはまとめ役がおり、今で言う里親支援の役を担っています。里親子不調時には里親を交代させたり、子育ての相談、扶持米を支給する窓口にもなっていました。3歳まで育てた子どもを施設へ返す時の別れの辛さは、涙なくしては語れない状態であったと記録されています。養子に切替えることはあったようで、そのことを「里流れ」と言っていたようです。

そんな話しを近くの市の里親としていたら、今里親をしている○○さんは、その家の娘さんだったとのこと。遠い昔話と思っていましたが、身近に繋がる縁を感じさせられた瞬間でもありました。

## 《父親の参加》

母親に怒られるお父さん、近所の犬の名前を覚えてしまったお父さん。時代を越えて風景が見えます。父親が子どもの世話に参加することは夫婦円満の秘訣です。併せて子どもも幸せです。表には余り出ないでどっしりと一家を守っているのもお父さんです。当時のお父さんは自分の働いている姿を見せられるような仕事振りを背景に持っていますので、子どもはそのことをよく知っており、後ろ姿で子どもに語りかけられる環境にあったのです。

ところが今の社会を見回して見ると、そんな父親は多くありません。職住分離が進んで仕事を子どもに見せられません。ましてや、企業戦士の父親であって見れば、組織をよじ登る事に物事の基準があったりすると、子育てより仕事を選んでしまいます。往々にしてこの種の家庭は、点数で評価するような感覚が染み付いてしまい、子どもにも平均以上を求めてしまいます。力のある子は何とか合わせられますが、そうでない場合の子どもも多いものです。そんな環境で育つと人を差別する癖が身に付いてしまいます。

今の世界は手仕事の世界ではなくなり、パソコンの前でキーを打つだけの姿しか子どもに見せられません。子どもも仮想画面でゲームに打ち込んでおり、これからの子育てがどう変わっていくか想像も付きません。その時には川柳の面白さを伝えることができるか心配になってきます。

### ▼子を持った大工　一と足遅く来る（2―11）

子どもができて出かける朝、子どもをあやしていたのでしょうか、仕事場には少し遅刻してしまいます。遅刻を見逃がしてくれるのは、仲間との普段の付き合いがこの画面の背景に見えてきます。

### ▼子を放る真似をして　行く橋の上（19―16）

父親が橋の上で子どもを放り投げる真似をして見せます。子どもは怖いこわいと言いながら父親にかじりつきます。

**▼寝かす子を　あやして亭主叱られる**（7―11）

寝かそうとしているのに、それを知らないで帰ってきた父親があやして起こしてしまいます。母親に怒られるお父さんです。

**▼目の覚めた子を　女湯へことづける**（7―40）

寝ている子どもと留守番をしているお父さん、子どもが目を覚ましたことを、銭湯に行っている母親に伝えています。父親だけでは子どもの世話をしきれないからでしょうか。母親のいない場面では、子どもが言うことを聞かなかったのかも知れません。

**▼道の子を　生酔い　愛しあいし行き**（11―36）

夕方でしょうか、仕事を終えてほろ酔い気分の職人の帰り道すがら、道で遊んでいる子どもの頭をなでています。見知らぬ人なのか顔なじみの人なのか、思わず手を出して頭を触ってしまう子ども好きの職人さんなのでしょう。

同じような句に「**子の頭　ちょっと叩いて知らんぷり**」仕事に出る前に子どもの頭をコツンと。痛いわけではありません。父親のあやしの一つでお出かけの挨拶です。

**▼かくれんぼ　通りすがいに　尻を割り**（8―41）

尻を割る：暴露すること

子どもがかくれんぼしています。通りすがりの人が「ここにいるよ！」などと鬼に教えてしまいます。子どもと地域の人との温かい関係が見えてきます。

○今の子どもは歩いていて他人から声を掛けられると、返事をしてはいけないと学校から指導されています。何かあれば通学路にある店に駆け込むように言われています。地域社会の参加と言っても現実的にはそんなに甘くないようです。

**▼堪忍の真っ先へ　子の顔を見て**（S9—14）

大人は世間の苦労の中で堪忍袋の緒が切れそうなとき、子どもの顔を思い出して我慢します。子どもは大人の我慢力を育てることにも効果抜群です。

**▼母方のおじは、いちわり（一割）怖くない**（S10—9）

母方の「おじ」ですから、甥や姪への物腰が柔らかい感じを周囲に与えているのでしょう。母方のおじは怖いところが余りないようです。

○母親の男兄弟は、母親の承認のもと姪や甥との行き来が気楽なようで、自由に可愛がれるので親しさも増します。母方のおじは甥や姪の小さい頃のこともよく知っており、飾らない姿を出し合えます。何と言っても母親からの信頼が決定的と言えるでしょう。この図柄は今も生きており昔と変わらない人間関係の構図には驚きです。母系社会の生きている証拠かも知れません。

**▼糸巻きの向こうに　亭主　踊ってる**（S10―18）

糸巻き：操り人形の糸と捉えています。

亭主は奥さんの操り人形のように動かされています。当時は男社会のような印象がありますが、幾つかの句を並べてみると、家庭に関しては「おかみさん」が主導権を握っているように読めます。母親主導の子育てになっていれば、亭主はメンツを捨ててその流れに従った方が家庭は円満です。

## ▼継母の亭主は　どれも少し抜け（24―15）

父子の生活から再婚して、子どもを継母に育てて貰っている図柄が想像できます。当然に継母が強くて家事全般で主導権を握ることになり、亭主は言いなりになっています。

○かかァ天下の方が暮らしは安泰です。子連れの父親であれば子育てを任せている継母に頭が上がりません。作者はこの父親を「少し抜け」と評していますが、この図柄はこれで幸せなのでしょう。子どもにとっても幸せです。

2人ペアーの子育ては社会の作り出した知恵といえます。1人では物足りないし3人を越えると多すぎるのでしょう。里親家庭で言えば2人とは夫婦のことになるのでしょうか。実子や祖父母とペアーを組むこともあれば、いろいろな組み合わせもあっても良いのでしょう。

いろいろな家族と接していると、ぴりぴり里母の時は大らかな里父がいます。大雑把な里母の時は厳格なタイプの里父が相手であったりとか、2人を足すと丁度平均になります。

人は実に上手く組み合わされているようで、里親制度が破綻しないで長年維持されているのは、2人の効用と言っても良いのではないでしょうか。外から見て母親主導の子育てとか父親主導と見られても内状は逆のこともあり、表面的な見方で評価できないのが夫婦の妙です。困ったことを2人で乗り越える絶妙な組み合わせの力を発揮していくのが子育てです。

**▼ちと　つめ（詰）てくりょうと　親仁（おやじ）寝ずに居る**（6—1）

句の添削として「絞めて」ともあります。説教するために夜になっても寝ないで、夜遊びする若者が帰ってくるのを待っている父親。子どもが帰って来てどんな場面が展開するのでしょうか見てみたいものです。子どもが反省するのか父親が子どもの言い訳に負かされてしまうのでしょうか。

○朝帰りは異性との関係を疑ったり家出かも知れないと考えたり、夜遊びするお金はどうしたのか、どんな仲間と一緒にいたのか等心配は尽きません。今の里親の場合は児童相談所などに連絡しなければなりません。ここが他人の子どもを預かっている里親の微妙な立場の差が出て来ます。子どもを受託している関係から事故に遭えば公が責任を取ることになります。場合によっては監督不行き届きと言われることになります。

**▼朝帰り　母のかぶり（頭）で　横へ切れ**（5―30）

遊び過ぎて朝帰りの息子、父親は説教するために待っています。母親はそれを察知して息子の姿を見るなり、裏から入るように頭を振って合図しています。父親が頑張っても、母親と子どもが手を組んでは勝てません。

**▼銚子をも見た親方で　訳が良し**（20―37）

銚子：親から所払いになる場所としてこの地名が使われています。

この親方も昔は相当ドラ息子だったのでしょう。いろいろな経験を背負っている親方は今の若者を説教するのに迫力があります。ドラ息子を雇っている親方は信頼を集めて事業を展開しています。今でもこのような苦労人は結構おり、出会えた里子も幸運で自立へ確実な一歩を踏み出せます。有り難いものです。社会は捨てたものではありません。

**▼薬の苦　せない親仁（おやじ）は　喧嘩の苦**（1―19）

元気な子どもで薬（病気）の苦労をしたことのない親も、子どもの喧嘩沙汰で苦労することもあります。

○子どもの病気で苦労したことのない親も、別の面で子育ての苦労をするものです。誰でも何らかの心配事を背負って子育てをしており、苦労話は尽きません。「隣の芝生が良く見える」諺のように、それぞれが抱える心配事は他の人には分かりません。目の前の課題に全力投球するだけです。

小学生位までは順調に育っても、思春期も盛りになると子どもの様子は一変します。急に話を聞いてくれなくなったり、不良らしい仲間と夜遊びを始めたり、ゲームで昼夜逆転の生活になったりと心配の種は尽きません。当面は付ける薬もありません。

**▼親譲りだと　盃をしゃぶらせる**（5―9）

膝に座らせているのは父親か親戚のおじさんか、幼児に杯の淵をしゃぶらせて、冗談を言っています。

**▼親類が来ると　赤子の蓋を取り**（1―11）

蓋といっても実際は枕元に置く屏風のことでしょう。赤子を囲っている屏風を払って、お祝いに来た親類に見せようとしています。我が子を見せるのが嬉しくてたまらない様子が見えます。

## 《母親の動き》

古川柳の世界では、母親を盲愛の象徴のように取り上げる句が多く見受けられます。これは作者が男性であったためだろうと思われます。どうしても男性は母親を無条件の愛の持ち主のように見てしまう癖があります。古川柳ではその結果が甘えた子どもに育ててしまう筋書となってしまいます。

子どもが成長して大人の世界に足を踏み入れてみると、母親の手の内にいた自分に気付かされます。幼い時の甘えは広い心を育て、将来起こるだろう諸々のことに柔軟に対応できる力を育んでくれていたことを知ることになるでしょう。

### ▼母親は、息子の嘘を足してやり（16―28）

そのままの意味です。厳しい父親の前で説教されている息子。側で息子の嘘を認めるような助け船を出しています。同じような句に

「**お袋は　もったいないが　騙しよい**」有名な句です。クスリと顔がゆるんでしまいます。子どもと言っても若者でしょう。母親から騙して得たお金を懐に入れて家の玄関を飛び出します。若者の軽やかな姿が目に浮かびます。

「**棒ほどなこと　針のほどに　母かばい**」針小棒大をもじった句、大きな失態を父親が怒っている側で、母親が大したことではありませんよと子どもを庇ってしまいます。

○幼い頃でも親を騙した心当たりのある人は多いでしょう。誰でも親を騙すことは沢山あります。お小遣いを全部ゲームに使ってしまった後に問い糺されて、お金を落としたとか友達に貸したとか言い訳を考えます。母親におねだりするときに「友達は皆持っている」とかいろいろ理由を付け加えたりします。年齢に関係なく、誰もが思い当たると思います。母親は大体のことであれば、子どもの言うことを信じてその通りに聞いてくれます。

しかしです、母親はそんなことは全て見抜いており、知っていて騙される姿が見え隠れしています。お乳を与え、おむつを取り替え、病気になれば夜も寝ないで看病し、喧嘩に負けて帰ってくれば悔しがって一緒に怒ってくれる、そんな積み重ねをしているのが母親です。子どもの癖は全部見抜いています。知っていて騙されるこそ子育ての妙と言えるでしょう。

親子のやり取りは一種のゲームのような要素もあり、特に若者とのやり取りを一種のゲーム感覚で臨めれば　腹の立ち方も　イライラもしないで済みます。そんな境地になってくるとベテラン里親と言われるようになるのでしょうか。

**▼母は子のために　隠して一つ脱ぎ**（S5―6）

子どもにお金が必要になったのだろう。母親はそうっと、着ている着物を脱いでお金に換えようとしています。

**▼叱られた通りに　母は叱るなり**（9―19）

母親が子どもの頃、親から叱られたと同じように自分の子どもを叱っています。

○自分が経験し身についたことを自分の子どもにしていることにも気付きます。祖父母から親へ、親から子へ、子から孫に子育ての尺度が伝わります。これを伝統というのかも知れません。独自の子育て方法などと思っていても振り返ってみると親と同じことをしている自分に出会います。

同じことと言っても、もう一つの見方があります。事の良し悪しの問題はさて置き、世の中に通用しない習慣を引き継がせてしまうことです。虐待の連鎖の問題として話題になることもあります。

**〈点描〉親父の髪なんか、誰も気にしていないよ**

里子が20代も半ば過ぎた頃、里父の髪が白くなってきたので黒く染めるかどうか話しをしているとき「親父の髪なんか、誰も気にしてないよ、どうでも良いじゃん」と。この言葉は思春期真っ只中、朝シャンに熱中している里子を相手に「誰もお前の髪なんか気にとめてなんかいないよ、無駄なことやるんじゃないよ」と。何時も言い分が対立していたことを思い出しました。こりゃ一本やられたな。以後、白髪で通すことにしました。

**▼ここを良く見やと　母親　みはり（三針）縫い**　（10―10）

娘に裁縫を教えています。花嫁修行の一つでしょう。母と娘の麗しい交流が目に浮かびます。

○他の句集に似たような母親の自然な姿を映した句もあります。

「**起きたかと　針を数えて　母は立ち**」

針が無くなって子どもに刺さってしまわない用心に気を配っています。

「**呼ばれても　ふた針　三針縫って立ち**」

少しでも仕事を片付けておきたい気持ちから、直ぐには動きません。

## 《藪入りなど》

子育てには躾が背後にあり、叱られたりする場面が付きものです。古川柳ではどんな句があるのでしょうか。親戚の伯母やおじが来て躾に参加することもあります。

そんな子育てをしているうちに子どもは家を離れて奉公に出ることになります。当時はかなり早くに家計を助けるために子どもは奉公にだされました。昭和30年代までは中卒者は金の卵と言われて地方から集団就職で都会の工場などに働きに出てきていたことを考えると、昭和と当時と似ていたところがあったのかも知れません。参考までに、高校生に特化した養育費が制度化されたのは昭和48年で、特別育成費として今に繋がっています。それまでは15歳まで養育するのが国の責務となっていました。

親子ともども楽しみな藪入りです。同じように里親も巣立った里子が元気な顔で立ち寄るのを楽しみにしています。里子の場合は18歳とか20歳位で一人の暮らしになり、社会生活でも未熟ですので心配の種は尽きません。まごまごしているとアパートや寮に戻るのが嫌になる時もあります。地方から下宿しながら学校に通うのを含めて18歳高校卒業は一種の巣立ちです。実のところ、大人の目から見るとまだまだ心配です。

**▼藪入りの供へは　母が飲んで差し**（１―27）

奉公先から娘が三日間の藪入り（休暇）を貰って帰ってきました。奉公先から付き添ってくれた人に母親はお酒などを振る舞って、娘の様子を聞き出しています。

**▼藪入りの二日は　顔を他所に置き**（１―22）

親の想いとはどこ吹く風で、残りの二日は友達のところや遊びの場所に行ってしまう若者。何時の時代も親と子の関心はずれています。

**▼藪入りに　やぶ蚊のような供を連れ**（Ｓ２―13）

実家に一人で帰って親に甘えるものが普通なのでしょうが、実際には雇い主の誰かが付き添ったり、子どもの友達が出入りしてしまって、親子水入らずになる時間はそんなに多くはないときもあったのかも知れません。藪入りを利用して昔の好きな相手と出会う楽しみもあったようです。

**▼藪入りの綿着る時の　手の多さ**（1—5）

綿：綿帽子のことで女性が街に出る時被る。

奉公先へ戻る時、帰り支度には母親をはじめ妹、祖母など家族が手伝っています。夏の盆と正月の2回しかない実家への帰宅、藪入りが終わって戻る時は何かをしていないと辛くなります。家族中が総がかりで送り出します。

**▼叱られた　所へ　うっちゃる花の枝**（7—29）

「桜は切るな、梅は切れ」の諺にあるように桜（花）を切ってしまって、叱られています。

相手はふて腐れ気味なのでしょうか、枝をうっちゃっています。

**▼叱られた娘　その夜は　番が付き**（4—31）

娘を叱ったのですが、その夜が心配で母親かおばさんが見張っています。川柳の世界ですので好きな彼氏のところに飛び出すことを警戒してでしょうか。背景は想像するしかありません。

**▼叱られて　娘は櫛の歯を数え**（S2—17）

叱られているので、神妙にしているようですが、この娘さん叱られている本当の意味が分かっていません。側にあった櫛の歯を数えてじっと怒られています。

**▼折檻をしかけ　笑いに　婆（ばばぁ）出る**（20―12）

寺子屋などで子供が厳しく怒られることもありました。そんな時、近所の世話焼きのおばあさんが中に入ってきて、笑いながら収めています。

○寺子屋では折檻する前から予定された約束事があったようで、ルールができていました。子育ての上手い知恵と言えるでしょう。今も怒るときは、誰かに仲裁に入って貰えるような連係プレーが出来ると親子ともども助かるのですが、今の世の中そんな便利な役回りをしてくれる人がいるのでしょうか。今の世の無い物ねだりでしょうか。

**▼折檻に　まあ、まあ、まあと　蓋に　する**（12―16）

前の句と同じ風景です。暮らしの知恵があったようです。まあまあと言いながら近所の人が仲介に入ってきます。

○落語のマクラで手のしぐさを語る場面で、手のひらを下に向けて「まあ、まあ」とすると仲裁になり、手のひらを上に向けて仕草をすると煽りになるとのこと。ここではもちろん、手のひらを下に向けて抑える仕草でしょう。

### ▼折檻を　こねどりらしく　掠（さら）って出て（S10―16）

こねどり：杵役の側にいて、餅つきの相の手を勤める役のこと、手を振り上げて折檻しようとしている隙を見て、側にいる大人が子どもを抱えて逃げさせています。昔の子育ては厳しく暴力も当り前と伝わっていますが、世の中上手くしたもので、助け船が準備されていたようです。子どもを逃がした後、何事もないように時間は進みます。

ぐずぐず跡を引かない怒り方は大切です。第三者が入るとスムーズに行く経験は誰でもしているでしょう。と言え、これが中々難しいのです。

**▼伯母が来て　娘の謎を　やっと解き**（S2―12）

実親の前では、特に娘は本当のところを言いません。ましてや好きな彼氏のこと等です。親しいおばさんに来て話を聞いてもらって、やっと娘の抱えてしまった謎が解けたようです。

○日々暮らしを共にしている人間関係は、近すぎて会話が通じなくなるものです。そんなとき第三者的存在が現れてくれると案外すっきり解決します。この子の小さい時から知っている身内の伯母さんはうってつけの役になります。

**▼伯父が来て　とかく　他人の飯という**（6―9）

ドラ息子に意見を言いに来た伯父さんでしょうか。「他人の飯を食ってもう少し苦労してみろ、お前は親に甘え過ぎていないのか。」等と小言を言っています。

この若者は聞いているのでしょうか、怪しいものです。親が困った時の子育てのトラブルは矢張り身内の人の出番でしょうか。

## 《借りた子》

当時の社会ではさまざまな親がいました。継父母や里親、乳母はもちろんのこと、仮親として名付け親、拾い親、抱き親、守親（守子）など多くの大人が地域の風習に結びついて子育てに関与していました。地域で認められた親はその立場や形式を越えて、子どもの将来に大きな役割を果たしており、地域がこぞって丸ごと子育てをしていたようです。

今回索引を調べていると「借りた子」の字句に出会いました。表面的に見ればちょっと預かった子どもくらいの意味になりますが、もっと他の意味を含んでいるかどうかは分からず仕舞いでした。参考までに拾っておきました。

**▼借りた子に　嫁はお色を　付けてやり**（16―20）

預かった子どもの世話をするのは新妻なのでしょう。赤子にお化粧の紅などを付けてあげています。なかなか子どものできなかった夫婦なのかも知れません。自分の子どもが欲しいと思ったことでしょう。知り合いの子どもを預かるのは今は事故が心配で、思うほど気楽なことでなくなっています。地域では保育ママとかショートステイの制度を作って、専門の機関が仲介して実施しています。ましてや乳児となると扱いは慎重を極めます。

**▼借りた子に　乳を捜され　縮むなり**（15―5）

句の添削に「縮むなり」を「ぞっとする」もあります。預かった赤子にお乳を捜されて、びっくりしています。子育ての経験のない人なのかも知れません。一説にこの女の人は遊女だろうとしています。その方が味わいがあるかも知れません。「ぞっとする」言い回しは何か他の事情があるのかも知れません。

**▼借りた子に　嫁　美しい顔　くずし**（18―19）

自分の嫁が預かった赤子に笑顔をくずして、楽しげに抱っこしています。

**▼笑わぬ子を　あやされる　気の毒さ**（20―19）

笑わぬ子：当時は「不倫の子どもは笑わない」とされた言葉のルールがあったようです。あやされると受け身の表現になっているのは、本心はさておき世話をさせられていると周囲には映っているのでしょう。出生の事情を知ってか知らずかです。作者は気の毒なこと見ています。

どこか似ている句に「**笑いなんせと、借りた子を　あやすなり**（13―14）」表面的な解釈としては、預かった赤子を懸命にあやしている風景ですが、「不倫の子どもは笑わない」のルールを下敷きにすると、あやしている大人の心境は複雑なものになります。

○出生に訳ありの時は子育てに心が入らないことも多く、節々にちぐはぐになります。愛され方の薄い子どもは育てるのに難しさが増して、子どもは益々頑固になり家族に馴染もうとしません。子どもに罪はないのに、こんな関係のまま時間が経つと養育者からのイジメや虐待に進んでしまいます。

人には不可解な心があり、考えられないような振る舞いに出ることがあります。これは教養があるとか社会的地位があるとか、育ちが良いとか悪いとかには関係なく、どんな人にも付き纏っている性（サガ）のようなものに思われます。

出生の複雑な事情がなくとも、子どもから白目で睨まれたり、抱っこしても突っ張って泣かれると、大人はほとほと困り果てます。気持が入らないから子どもも親しんで来ないのだと養育者を責めても処置なしです。気持ちが萎えてきます。

里親と里子の出会いの席で、対面して顔を見ると泣き出されたり担当の保育士さんに抱きついて離れなかったりした経験をした里親は多いと思います。

# 第2章　子どもの世界

子どもの動きは時代を越えても変わらないようで、何時の時代も大人社会の取り繕いを受け付けず純真な心が素直に現われます。私達のご先祖様も同じ光景を見ていたと思うとき、自分は一人ではない共感が湧きます。子育ての原点、飾らない姿を見る限り、里子も実子も継子も同じです。

赤子は誰が見ても可愛く見えるのは、心理学ではベビーシェマといって養育者の心を捉える生まれながらに持っている能力の一つだそうです。顔かたちや体つきは確かに保護したくなるような気持を誘います。幼児の動きが天真爛漫な現われであるならば、乳児の醸し出す雰囲気はベビースマイル、天使の微笑みに大人は完敗です。子どもの純真さの前には大人もありのままの姿を出さざるを得ません。そんなことが今も昔もなく時代を超えて繋がっているのでしょう。

## 《子どもの姿》

昭和の後半ともなると、二人っ子を経て今や一人っ子の時代になってしまいました。路地裏で遊ぶ姿が消えて、ゲームで時間を過ごす場面が多くなりました。ＩＴ機器の操作を自然にこなし、下校後は塾や習い事へ通い、ゲームを動かす手さばきは神業です。年上の子どもをリーダーにした集団が子どもの世界をまとめていた時代は遠い昔話になってしまいました。変化を挙げればきりがありません。昭和を懐かしがっても無い物ねだりになってしまいます。

あどけない子どもの姿を求めてばかりはいられません。親は子どもの分からず屋の部分ともお付き合いしなければなりません。子どもの我がままと思える振舞いにもそれなりの理由と背景があるのでしょう。少し年齢が進むと、抵抗の意思表示であったり、痩せ我慢であったりします。人として大切な自己主張の一種となるのでしょう。

きょうだいとの関係も子どもの成長に大きな影響を与えます。子どもの世界では長幼の序などと難しい倫理観ではなく、自然ときょうだいの中から生まれます。

**▼すねた子を　壁からやっと　ひっぺがす**（18―15）

気にくわない事があったり、欲しいものがあったりすると、駄々をこねます。大人は急いで次の事に取りかかろうとしているので、えいや！と子どもを抱きかかえて引っ張っていきます。引っぺがすと言う表現もぴったりです。

**▼すねた子の側に母親　あきれて居**（24―24）

他の句集に「**すねた子の側に、あきれた母の顔**」とあります。
すねた子どもには、母親も手の打ちようがなく、唯々見守るしか方法はありません。

### ▼すねた子は、捉えどころに、困るなり（7―29）

すねた子が何んでそうなるか、大人には分かりません。

〈点描〉**甘いものの駄目なの！**

「僕は甘いものが駄目なんです」と言ってしまって以来、18歳で巣立つまで甘いものに手を出さない子もいました。数年間よく頑張ったものと思います。里母に言わせると「そんなことないわよ、ポケットやカバンからチョコレートや飴の包み紙が出てくるのよ」と。

果物が駄目と言う子もいました。特にサクランボやぶどうなど小さい丸い果物が駄目と言うのです。これには訳があり、実母がサクランボを無理に口に圧しつけたからとのことです。この癖は大人になっても続いているから不思議です。

**〈点描〉　食べ物に好き嫌い多い子ども**

20年前の里子はなんでも食べてくれたのですが、最近は食べ物に好き嫌いがあり、ピーマンやトマトだけを残し、それも嫌味としか思えないように、皿の上で箸で選り分けて残す子もいます。たまに外で食べようとして「何が食べたい？」と聞くと「お寿司、しゃぶしゃぶ」などと答えが返ってきて、困るときがあります。高校生をお寿司で腹一杯にするのは並大抵ではありません。回転寿司がぎりぎりのところです。

一方、折角作ったのに食べない子どももいます。「食べて貰えぬ弁当を、涙堪えて作ります♪♪」と流行歌の替歌で自分を慰めながら耐えることもあります。里親の立場となると「そんなら食わなくても良い、部屋に戻っていろ」とは言えないのです。食事を与えないのは虐待となるからです。

**▼道端に座って　母をねだるなり**（12―23）

駄々を捏ねる子どもには勝てません。道端に座り込んで「もう歩けない！」と。「母にではなく、母を」がポイントです。お菓子が欲しいと言いながら、本心は母親を独り占めしたいのです。抱きしめるのが一番でしょう。

○今も昔も同じだったのでしょうか。子どもの動きについていろいろな解釈をし対応の仕方もあるようですが。街の中などで駄々をこねられると、付き添っている大人は焦ってしまいます。時代はどんどん進んで子どもを巡る環境も大きく変わってしまいました。当然のことながら時代に合わせた子育てが求められます。駄々をこねるのも実のところ程度問題で、行動の振幅が大きかったり、拘りが強かったり、周囲の子どもを巻き込んでしまうなど親は困り果ててしまいます。「泣く子と地頭には勝てぬ」の諺にあるように。力の行使をしたところで、最後は子どもの動きを認めないことには終わりません。

行動に問題を抱えている子どもの場合は我がままでなく、内から湧いてくる何かによる場合もあり、慎重に対応しなければなりません。大人は子どもの立場に立つ訓練が求められ、相当我慢を強いられます。躾が悪いという見立ては大人の強制を生んでしまい、先行き良い結果を生みません。最近このような子どもが増えてきており、子育ての大きな課題となっています。

こんな行動をとった子どもも年を経るに従って自分を制御出来るようにもなっていきます。それは養育者の不断の努力の結果でもあります。子どもの良いところを認めて、何を求めているのか子どもの立場に立って考えることで、これには忍耐が求められます。言うに易しく行うのは難しい見本のようでもあります。

### ▼ままごとの　世帯くずしが　甘えて来（1―4）

世帯くずし：世帯を放り出して。

子どもはままごとの役割を果たしています。母親の姿を見ると、ままごとを放り出して母親に抱っこしてしまいます。

同じような風景の句もあります。「**ままごとの　かかさんになる　おちゃっぴー**」いつの時も少しおませな子どもがいて、お母さん役を独り占めします。他の小さな子どもは子役から出世させて貰えません。この「おちゃぴー」は実に母親役が板に付いています。

知らない間に母親の動きをよく見ているようです。「お茶ぴー」とあり、昔から使っていた言葉であることを知りました。

**▼かくれんぼ、壁のしじみを掘っている**（11—25）

しじみ：蜆のこと。壁は壁土と藁などを混ぜて塗る。

小さな貝殻が混じってしまったのでしょう。かくれんぼで小屋に隠れてみたものの、鬼が中々見つけ出してくれません。手持ち無沙汰になり、壁からみえているしじみの殻を指でほじくっています。ほじくっている表現が、子どもの様子を鮮明に捉えています。

**▼知る人にばかり　子どもが据える膳**（5—42）

いろいろな人が集まった席で、お給仕のお手伝いです。配膳は顔を知っている人のところにしかしません。それでも得意げにお手伝いです。

**▼子の使い　帰ったあとに　ねだりことを言い**（15―31）

お駄賃頂戴は今でも同じです。

**▼昼飯を　外から怒鳴る　手習い子**（4―13）

手習いに行っていた子どもが昼に帰ってきます。「おっかあ、腹減った」と外から大きな声を出しながら飛び込んできます。

「**手習いっ子　帰ると鍋を覗いて見**（2―28）」も同様な風景を詠んだ句です。当時の寺子屋は庶民からも多くの子が通っていて、日本の識字率の高さの原点になっています。小学生に当たる年代が集まっているのですから、当時の絵を見ても相当な悪戯やわんぱく振りが伺えます。

〈点描〉 弁当を先生に見せちゃった

中学校の昼食に弁当を持参させたとき、「弁当を先生に見せたら、美味しそうだねって誉められちゃった。」と嬉しそうに帰ってきました。

後日、先生との懇談会でその話になりました。自分から先生の前に出ることの少なかった子どもだったけれど、自ら弁当を見せに来たことが分かりました。これまでは行事の時にはコンビニで買った弁当だったのでしょう。手作りの弁当が余程嬉しかったようです。遠足などの行事の時の弁当は他の子どもと見劣りしないように気を付けていたことが良かったのかも知れません。今考えてみると、初めての手作りの弁当だったのかも知れません。彼が30歳近くになっても、その時の弁当の話が出ます。

▼子心に　早く寝たがる　宝船

正月2日の夜は初夢を見る晩なので、宝船を枕の下に入れて子どもは早く寝たがっています。どんな夢を見たいのでしょう。

**▼武者一人　叱られている　土用干し**（4—32）

夏の暑い日、5月人形にも風を通しています。折り紙の兜を被ってふざけて入るところを叱られてしまいました。男の子のあどけない悪戯が目に浮かびます。

他の句集には「**面白がって　子のくぐる土用干し**」もあります。いつもと違う庭先で、子どもが走り回っています。

**▼雷をまねて、腹掛けやっとさせ**（1—2）

有名な句です。雷様におへそを取られるぞと、脅して腹掛けをさせようとします。最近まで腹掛けを「金太郎さん」と呼ぶこともありました。今は五月人形に痕跡が残っています。

**▼手へべべを架けて　かか様追い回し**（19―1）

お母さんが着物をもって追いかけています。嬉しそうに逃げ回っています。

**▼男の子　裸にすると　つかまらず**（3―35）

男の子も着物を着ないと、開放感があるのか裸で走り回ってしまいます。

**▼姉の弾く側で　だだっ子　三を下げ**（21―ス2）

三を下げ：三味線の調子の一種で三下がり、静かなトーンのこと。

姉が三味線を弾いています。習い事のおさらいをしているのでしょうか。腕白な弟は何となく静かになります。姉と弟の関係は、母親役の真似事をしたりで絆は太くなります。だだっ子も姉の前では大人しくなることも多いのでしょう。

**▼妹は　母より　は（剥）ぐに　骨がおれ**（5—3）

子どもは下の方がどうしても甘えがちになるし、母親を独り占めになりがち。母親から引き離すのに苦労します。

○妹は姉の失敗を見て育ちますので、意外に妹の戦略で母親を味方に付けようとしているかも知れません。子どもはしたたかなところもあります。甘えも生き抜く手立てなのです。

**▼兄がこゞむと　弟がな（泣）けりなり**（3—35）

背の大きい兄がしゃがむと「お兄ちゃんが見えなくなっちゃった」と弟がべそをかいています。こんなことが自然に日々できるのは兄弟の良さです。小さい頃の兄弟の影響は並のものではありません。子どもは複数いるに越したことはありません。

▼**桜花　兄は　つぼみのあるを　取り**（1—33）

弟か妹に咲いている花を与えて、兄はつぼみで我慢しています。

○きょうだいは他人の始まりの諺は、大人になったきょうだい関係の一側面を言っていますが、子どもの頃はもっと純粋のきょうだい関係が基本です。兄姉が弟妹を世話して共に育っていきます。

きょうだい間の関係は成長しても引きずっており、お兄ちゃんタイプ、末っ子タイプなど大人になってもその雰囲気は残しています。きょうだいの里子の場合も実子と里子の関係も同じように続きます。たとえ障害があって介助されていても、兄は兄なりの雰囲気を醸し出しています。

〈点描〉**喧嘩の仲裁は両方を守ること**

高校生の里子二人がふとしたことで喧嘩になりました。里母しかいなかったので、とにかく2人の間に分け入って殴ったり殴られる関係を防ぐことを第一に考えます。普通は弱い方の撲たれる側をカバーすべきなのですが、里母の頭をよぎった思いは相手に傷を負わせた場合のことでした。事の善し悪しに関わらず、怪我をさせたり殴った方が非難されてしまうことか咄嗟に浮かんでいました。

力があると思われる子どもの目が点になっていたので、大事となっては大変と考え中に入っていました。一段落付いたとき、手を振り上げていた子どもがふと我に返り「お母さんいたの」と一言。頭に血が上っているとはこういう状態をいうのでしょう。今でも二人が会うとこの話が出ます。養育者はどちらにしても喧嘩の両方を守らなければならない役割があります。

### ▼十五日　江戸で争う肩車（8—34）

着飾った子どもを肩に乗せて江戸の町の中を自慢して競い合っています。町の子どもの仲間になれるように、恥をかかないように子どもを着飾らせて地域へのデビューと考えると、11月15日におしゃれをさせる意味が分かります。平安時代の車争いのイメージが匂います。

他の句集に「**方々（ほうぼう）の、花嫁になる十五日**」もあります。

七五三のお祝いの日、出会った人からお嫁さんみたい等と声が掛けられます。近所の人達の祝福を受けて親子どもとも誇らしく得意顔です。

○七五三の年令の意味はいろいろ説がありますが、7歳に絞って考えてみました。地域によっては古くは「児やらい」と言って、家の子どもから村の子どもに「追いやる」儀式がありました。また、6歳までは神の子どもとの信仰もあったようで、神様から預かって育てた子どもを村の子どもに返す行事でもあったようです。現代ではちょうど小学校に入る年で、今も昔も区切りとする年齢に差のないことに驚かされます。

**▼這い着くと　四五寸のける　真桑瓜**（11―16）

赤子が真桑瓜（まくわうり）を目がけて這いはいをして、辿り着きそうになると、目標の真桑瓜を少し遠ざけてしまいます。赤子は懸命に追いかけています。ゴールをどんどん先に伸ばすのは、意地悪と言えば言えます。こんなことをするのは兄弟か近所の子ども達でしょう。赤子は何も知らずに目標に向かって「這いはい」を続けています。多くの人の関わりで育っていく暖かい風景がみえてきます。

## 《継子と里子》

時代を経へても人の基本は変わらないと考えられますので、虐待やイジメも同じようにあったのでしょう。継子イジメの話は、物語や伝承として古くから伝わっており、小説の材料にもなっています。当時でも目に見えない形で厳しい現実はあった筈で、親子心中や捨て子、人身売買などはその典型と言えます。

子育ては夫婦の共同作業に変わりはありませんが、古川柳の世界では継母が批判の矢面に立たされているような空気が流れているのが気になります。直接実務に携わる者が、事ある毎に非難の対象になってしまうのは世の常ですので、表面に出た動きの真意をきちんと見ないと間違った見方になってしまいます。

他人の子どもを育てるという視点に立つと、里親や継父母は中途養育者と表現でき、ステップファミリー（再婚家庭）の連れ子との生活を築く人達も同じグループに入ります。中途養育の家族形成は、多くが一通りの山を越えて順調に進みますが、ほんの一部に上手く噛み合わせられない例も出てしまいます。

参考にした文庫本の索引に継子・継母の字句は幾つか載っていますが、里子・里親の字句は余り見掛けません。継子や里子が成立する背景をまとめて見ると次のようになります。

①　再婚相手のどちらかに子どもがいる。（継母・継父と子どもとの関係で登場）
②　再婚相手の双方に子どもがいる。（新しい兄弟関係が成立することも）
③　両親ともいない子ども。（親族または里親・知人が子育てにあたる。）
④　親がいても他の家に出されている子ども（養子など）

　それぞれに特徴がある筈ですが、句の中で里子と継子が使い分けられているかどうかは難しいところです。共通に話題となっているのは、子育ての担い手が継母となって登場していますが、父親の役割も古川柳に登場していますが、子どもが小さい時はどちらかと言うと、わき役に位置づけられています。

　里子や継子を採るのは、子どもの幸せを願ってのこともあれば、家の存続のため、労働力を得るため、給金を期待しての子育てなど様々な背景があったようです。そんな中を逞しく生き抜き、新しい家族関係に漕ぎ着いた先人がいたことは事実です。そんな積み重ねが今の私たちに繋がっているのです。

**▼椀の中から　継母の顔をみる**（14―14）

椀に口を付けながら、汁に写る継母を見ています。まともに顔を見るのが怖いのか、素直に向き合えないのでしょうか。

○一緒に暮らす大人は子どもから見ると怖い存在です。気持がずれてしまうと生活を共にしていても、子どもは益々かたくなになり親の嫌がる事を繰り返すとか、何も言わなくなり固まることもあります。大人の考えに合わせようとして怒ったり、無理に従わせようとすることがこじれの始まりです。加えて、心が通じ合わない時間が長くなると子どもの心は益々閉じてきます。このようなズレは多くの場合、大人の価値観に合わせようとした結果です。

子どもは大人には力ではかなう訳もなく、最後は従わなければならない存在です。何気ない大人の振る舞いが子どもを怖がらせることもあります。心が閉じれば閉じるほど、大人のイライラは限界を超えてきます。口調も次第に厳しくなり、時には叩いてしまうことになります。

**〈点描〉猫も塀から落ちるほど**

最初の子どもが我が家にやって来たときに、先ず猫の調子がおかしくなりました。障子を破って廊下に飛び出したり、塀の上を歩こうとして落ちたりと考えられないことが続きました。流行っていた漫画ピカチュウの話を機関銃のように喋り続けてくるなど、20歳になる息子が母親に「何とかして」と訴えて来るほどでした。

この子は連休など長い休みの時に施設から泊まりに来ており、違和感なく付き合っていたのですが、暮しを共にすると里親子とも全く違うスタンスになりました。家族とお客さんとの違いは大きくて、この変化を説明するのは難しいところがあります。

多くの里親は子どもとの暮らしを始めると元気がなくなります。人によってはうつ症状となり服薬を勧められることも珍しくはありません。お世話になっているお医者さんにこのことを話したとき「里親子とも知らないうちに心を張り詰めて、疲れが溜ってしまうからよ」と。

## 〈点描〉俺らには遠慮があるんだよね

元里子の座談会での発言で「里子は遠慮の塊なんですよ」とあった。そのことを訪ねてきた巣立っていった若者に聞いてみると「それが本音だろうな」と返事が返ってきました。言われてみると、確かにポイントを突いた言葉のようです。里親の家庭で18歳を迎えるまでには、相当に遠慮しながら我慢しながら生活していたのでしょう。ここのところが実子と里子との決定的に違うところです。里子であることを知らされずに育った場合や養子縁組の子どもの場合は、遠慮の発想が当てはまらないこともあるかも知れませんので、断定は避けておきます。

18歳で巣立つに当たってそのことがはっきりしてきます。「親しき仲にも礼儀あり」の諺の通り、節度ある付き合いになっていきます。しかし、遠慮があったとしても里親子の関係を否定的に見る必要もなく、人間関係が断絶するものでもありません。自分が自立するまで付き合った里親を信じていますし、里親も里子の癖を知っていますので、誰にも負けない掛け替えのない人間関係が育っている筈です。時間が過ぎても会えば直ぐに子どもと親の関係が顔を出します。子どもの頃の付き合いの重たさと言えるのでしょう。

**▼人さまがくると　継子を目に入れる**（15—31）

外からお客など誰かが来ると、子どもを「目に入れても痛くない」の喩えのように、溺愛しているように振舞う継父母がいます。

○継父母の関係にある子ども達を含めて里子は、大人が気付いている以上に自分の境遇を知っています。大人の可愛がる仕草にしても、子どもから見れば嘘が丸々見えているものです。普段は可愛がることもしていないのに、来客の前では格好を付けている大人は少なくありません。

心の共感の湧かない子育ては自ずと親子共々感情のすれ違いが大きくなり、子どもを無視したり細かい配慮をしなくなります。再婚した相手との間に新たに子どもが出来ると、継子への風当たりが一層厳しくなり、知らず知らずにイジメに変化していくこともあります。感情のズレがイジメに変化し、虐待に発展することは避けたいものです。人は感情の赴くままに行動すると怖い面があり、子どもへの辛い仕打ちは完全にレッドカードものです。

心の通じ合いの大切さは百も承知ですが、何かが少しずれると誰でもイジメの感情に支配されてしまいます。他人事ではありません。今の世でできることはオープンな子育てを心掛けに尽きるのではないでしょうか。

## ▼継子根性な餓鬼（ガキ）だと　やり手　言い（14—10）

やり手：当時は遊郭などで店や女性を管理する人のこと。
花街を仕切っている「やり手」としては継子をひねくれ者と頭から見下しており、やることなすこと色メガネかけて見ています。

**▼継母と睨（にら）んで　女衒（ぜげん）安く付け**（19—11）

女衒：遊郭へ人の斡旋（口入れ屋）をしており、実際は人身売買に近い仕事人。
子どもを奉公に出すために来た親が継母だとわかると、連れてきた子どもの支度金を安く見積もっています。

○継母ですから子どもには実の父がいるのが普通ですが、この句の背景としては実親のいない子どもと見る方が分かり易いように思います。何らかの経緯があって里子として貰い受けて育てた後、遊郭に奉公させてしまう親、それを受ける大人集団、いづれも露骨な継子への差別の表れで大人社会の嫌らしい駆け引きが見えます。

社会的養護の子どもは、今の社会でも形を変えて差別を受けることがあります。就職や結婚の時にひょっこり顔を出します。親がいないことで不利に扱われてしまう話はよく聞きます。彼らと話したり現状を見る限り、山ほどの不利な場面を経験しながらも逞しく暮らしを築いていることが分かります。差別を受けながらも社会で伍して生き抜いている事実を多くの人に知って貰いたいと思います。

**▼継母と見えて　泣く子に　いつも勝つ**（19―ス6）

子どもとのトラブルで、いつも継母が勝ってしまいます。普通の親子喧嘩は大人が負けた形で納める場合が多いのですが、継母は子どもを情け容赦なく打ちのめしてしまいます。

○イジメの進んだ姿が今風に言えば虐待事件となります。虐待件数としては２０１９年度年間で16万件と年々増えています。虐待もさまざまで、簡単に解決できる場合もあれば、痛ましい結果に終わることもあります。最近マスコミを騒がせた事件としては継父による子どもへの厳しい虐待で、実母が付いていながら最悪の結果になってしまいました。継父が子どもを死に至るまでイジメてしまう話しは、実のところ古川柳では出会えませんでした。今の社会の何かが変わってしまったのでしょうか。

**▼叱っても　あったら　禿　炭を食い**（1—4）

禿（かむろ）：遊郭で遊女の側に付き添う子ども、多くは売られてきている。

あったら：惜しいことに。

遊郭の主人から怒られながら「可愛い顔をしている子なのに惜しいですね、火鉢に使う炭を食べちゃうんですよ」と。口の周りに黒にものが残っているのでしょうか。
○当時の雰囲気としては「しょうがないね」位の認識であったようですが、この句に出会って実は愕然としました。異物を食べてしまう症例で、この子どものストレスは凄まじいものであることが分かります。大人から冷酷に扱われ、何も分からないままに仕事をさせられ、今では児童虐待で即刻保護ものです。子どもを大切にする人情とは裏腹に、残酷な風景が展開していることに唖然とさせられます。この子どもは遊郭にいたのでは心のダメージを回復することはほとんど不可能でしょう。養育者からのイジメの話しは洋の東西古今を問わず語り継がれています。シンデレラ姫、白雪姫、鉢かつぎ姫などはハッピーエンドで終わっていますが、実際のところ最終的には大人になっても難しい性格の人になって行く姿を幾つも見ているので心配が残ります。

## コラム　孤独ということ

親との縁の薄い子どもと話していると、無条件で受け入れてくれる存在がどれ程重たいか、そして寂しさとの戦いであることが分かります。気になったので、孤独を辞書で引いてみました。一人ぼっち、親しい人がいないことなどと載っており、説明の後半部に中国の古典の例を引いて「幼くして父の無きを孤といい、老いて子の無きを独という。」とありました。「父の無き」とあるのは古代社会の構造が関係しているのでしょうから、今で言えば親となるのでしょう。東洋の社会では孤独を友達のいない「一人ぼっち」よりも深い意味を持たせており、深い寂しさを含ませているようです。

我が家に来た里子は早くに両親を亡くした子と、一人親との暮らしから我が家に来た後、親が亡くなり、結果的に両親ともいなくなってしまう子どもがいます。両親を亡くした子どもには、自分が何者かを知ることは自分を確立するのに不可欠です。併せて心から頼れる大人の存在が必要です。

## ▼継子にあてがっておく　おしの蝉（24—23）

おしの蝉：鳴かない蝉（蝉のメスは鳴きません。）また、蝉は悲しく儚い生き物とのイメージがあるとされています。

鳴かない蝉をあてがわれている図柄は、継子を適当にあしらっているとも読めます。蝉に形容される悲しい存在も暗示しています。

○継子の印象は暗い句になりがちです。そもそもの原因は大人と子どもの心が通じ合わないために起きることなのです。大人の価値観に無理に合わせようとした結果、子どもの心は益々閉じてきます。子どもは大人には力では勝てる訳もなく、心が閉じれば閉じるほど大人の共感は遠のいていきます。

大人でも新しい仲間と出会うと相手との調整時期というものは必ず経ることになります。里親子も再婚するときの連れ子も同じです。里子の場合は他人の中に一人で入りますので、信頼関係を築き上げるのに時間が掛かり、中には手間取る組み合わせも出てきます。

試し行動とか、赤ちゃん返りと一般には言われてマッチングの時に最初に受ける試練です。子どもにとって大人は絶対的権力者ですから、どこまで里親に許して貰えるのか、子どもの生活を賭けた精一杯の抵抗をすることになります。

**▼継母は紙で折たる　夜の鶴**（21—7）

子どもが寝た後、折り紙で鶴を折って幸せを願っています。継子と夫の無事を祈っているのでしょうか。この句のベースに地方に伝承されている民話「鶴の恩返し」があると考えると字句と風景が繋がります。確証はありませんが、いずれにしても継母の穏やかな後ろ姿が見えます。

○実際の子育てに当たる母親役は育ての肝腎の部分を担っており、何事にも解決するまで携わることになります。最後の帳尻合わせをする人が悪者にされるのは世の常ですが、継母への一方的な見方は慎むべきでしょう。里母に対しては里子も本音を語り他人に見せない顔を出します。継母であろうと実母であろうとそんな不都合も全て呑み込んで子どもと家を守りながら、次の世代を育てているのに変わりはありません。

**▼片乳は里子へ　響く　鐘の声**（S9―14）

お乳の一つを預かった子どもへ、もう一つは実子にしゃぶらせています。遠くに時を告げる鐘の音を聞きながら、ここでは継子と言わず里子と表現している珍しい句です。自分の子どもとして貰った赤子でしょうか。母親と赤子の穏やかな風景が垣間見えます。

夫婦の間に生まれた子どもではなく、養子として貰った赤子なのか一時的に預かったのかどちらかでしょう。里子の字句からだけでは二つの違いは分かりません。

○家族を持たなくてもやっていけるという声が聞こえます。結婚しない人、一人暮らしを選ぶ人、老人ホームに余生を託す人など様々な人生があります。しかし、子どもは養育者となる大人が必要で、いろいろな形の家族に属します。入所施設においても保育者は大人として親の役割を負います。当然に養子縁組、再婚家庭、親族による再家族の形成、そして里親が登場し、家族を形成することになります。

古川柳の家族の風景を読み合わせると、大人も子どもも死別する可能性の高かったからでしょうか、純粋な親子関係だけで家族集団が長く続けられるほど安楽な社会ではなかった筈です。継ぎはぎをしながら新たな家族を形成することによって、人は一族の下に結束して生きながらえることが出来ました。さまざまな形の継ぎはぎだらけの家族が多かったのではないでしょうか。今では考えられない程の確率で、子どもは継ぎはぎ家族の中で大人になっていったことでしょう。

そこには人間ですからどろどろとした葛藤も多くあった筈で、子どもにとっては辛いことも多々あったことでしょう。継子の辛さや差別されている姿が登場していますが、新たな家族関係が形成されて行ったに違いありません。

### ▼継子の代に　苔の生える太鼓かな（S5—2）

継子の代：中国古代の帝王、舜のことで継子であったとされている。
太鼓：世の中に不正があると打たせた故事による。
継子であった舜の御代では、太鼓を使う必要がなくなるほど善政を敷いた伝説のように継子も捨てたものではありませんよ。説明がないと意味が通じない句ですが、当時にしても継子も悪い話ばかりではないことが認識されていたのかも知れません。

### ▼ち（乳）きょうだい　もっともなことで　事が済み（15—21）

乳きょうだい：同じお乳を飲んだ子ども
同じ母乳で育った子ども同士は、血が繋がっていなくともきょうだい同然となります。何かもめ事も身内として解決してしまいます。

○継母か乳母のお乳で育った子どもは、きょうだいとして固い絆に結ばれることになります。身分のある家では乳母に子育てをさせていましたので、乳母の実の子どもと雇い主の子どもも同じ乳を飲んで育つことになります。連れ子同士のきょうだい関係も、新たな家族を形成することになります。

## 《お灸のこと》

継子とお灸の句がありましたので、拾ってみました。お灸の存在は知られていますが、今は子どもに灸を据えるのを聞きません。お灸は当時かなり普及していたようで、子どもの必死に抵抗する姿が詠み込まれています。親の名誉のために子どもの灸の場面を詠んだ句を幾つか載せておきます。オープンなお灸場面が展開していたようです。自分で灸を据えられるようになることが大人であることの証しでもあったようです。今の子育ての世界では身体的虐待とされてしまうでしょう。

### ▼大の艾（もぐさ）を下さいと　継子くる（17—18）

大の艾：お灸に使う材料。現代の商品カタログは米粒大と半米粒が載っていました。

○子どもにとっては逃げたい治療です。この場合はもしかしたら悪戯をしたのでしょうか。継子の字句が登場するのが何か不憫さを匂わせており、罰としてのお灸のイメージが湧いてしまいます。継子は自分の置かれた状況を何となく知っており、嫌なお灸を据えられる事を承知しながら、反抗できない風景が匂います。考え過ぎでしょうか。

### ▼子の灸は　あくたい　笑い笑い据え（18—12）

「おとうの馬鹿。熱いじゃねぇか。そこを触るとくすぐったいよ。」全身で抵抗していますが、お父さんに押さえられて灸を据えられています。子どもにとっては災難です。

**〈点描〉主婦だろう！**

小学校家庭科で雑巾作りの宿題を持ち帰った時、自分で裁縫をしないで里母に「これやっておいて」と遊びに行こうとしていました。「自分でやんなきゃ駄目よ」と注意された時、子どもから「主婦だろう」と一言。

この子に限らず施設にいた時の話として、女の先生を何となく下に見ている雰囲気が残っているようです。我が家に来てからもその傾向は直ぐには抜けません。日本の社会は男の人は偉いんだという感覚をどこかで学ばせてしまっているようです。じっくり付き合って親身に気を使ってくれる人の匂いが分かるようになると、女性蔑視が影を潜めていきます。

**▼豆煎りを　食いくい　あとの数を聞き**（３―13）

子どもが灸をすえる時、熱さを我慢させるためにお菓子を食べさせながら、あともう少しと頑張らせます。

**▼子の灸をすえて　四五日　にく（憎）がられ**（7―37）

病弱を治すために灸をすえるのですが、子どもにとっては熱くて辛かったのでしょう。暫く親は憎まれてしまいます。この句のイメージとしては懲らしめの灸ではなく、健康促進のお灸のようですが、子どもにはそんなことは分かりません。

**▼笑い止むまで　灸点を待っている**（1―33）

灸には背中とか腕を触れられるので、くすぐったくて笑ってしまいます。子どもか娘さんでしょうか、据える場所が定まらず、笑いの終わるの待っています。

## 《乳母のこと》

古川柳で見えている乳母は雇われている身分で子守りのようでもあり、今でいえば子育て選任のヘルパーのような存在でした。川柳の世界では乳母は田舎出身の住み込み就労の形になっています。一方、お乳を与える立場の乳母は雇い主と一味違う関係にもあったようです。乳幼児期の肌の触れ合いは子どもに与える影響は大きく、一生の付き合いになる可能性も残ります。

当時は名付け親、抱き親、行き会い親、拾い親、乳親（乳母）など言われる人達が関わって子育てを支えていました。総称して仮親と言われ里親の機能の一端が見られます。乳母を詠んだ句が多くありましたので、拾ってみました。一部には乳母を低く見る句もありますが、子どもとの関係を見ると深い信頼関係が垣間見られます。親がいても外部の人の育児参加システムを昔から維持していたと言えそうです。今も昔も似たような機能が試みられていたのでしょう。

**▼乳母同士　対決になる　柿一つ（4—14）**

複数の乳母を雇っていた家もあったのでしょう。乳母同士で自分の世話している子ども可愛さで競い合っています。隣の家の子どもの乳母が相手かも知れません。子どものために奮闘している乳母に拍手です。

**▼乳母が親　熊手のような手で　あやし（3—24）**

乳母の家の親も登場しているところを見ると、家族ぐるみで主人の子どもの子育てに当っていたのでしょうか。今でも里子を里親の親であるおじいちゃんやおばあちゃんが可愛がることはどこでも良くある話です。

**▼乳母が子も　御幣の下に　縮こまり（S4—4）**

御幣：神主が使うお祓い神具の一種

主人の代理か付き添ってか、赤子を背負って神社詣でをしたときの風景でしょうか。赤子と乳母も一緒に神妙に縮こまっています。神事に付き合うのですから信頼関係にあったことでしょう。

**▼乳母殿を貸しなどと　言えば　あかんべえ**（2―12）

幼児にまで育っているようです。近所の人が乳母を貸してと子どもにお願いしたところ、あかんべえと断られてしまいました。子どもにとっては乳母は雇い人と言うよりも自分専属の養育者なのです。子どもは自分だけのものを求めるもので、子育ての基本といえるのでしょう。

**▼乳母の役　朝飯前に　一廻り**（2―10）

字句の通りです。この乳母は住み込んでいるのでしょう。朝餉の準備ではなく、朝の食事前に子どもを連れて外を一廻りするのが仕事のようです。普通の使用人とはひと味違うようです。

▼好きな乳母　本屋を叱りしかり　見る（9―11）

貸本屋に寄ったところ、こんな本を手に取ってなどと子どもを叱っている乳母ですが、そうは言いながら自分も興味津々に本を見ています。

○乳母というと赤子を世話するイメージですが、この句に見るように子どもが本に関心を向ける頃まで世話をしています。赤子から幼児を経て少年時代まで世話している乳母の影響力は絶大なるものがあります。この乳母は雇人を越えてこの家にとっては欠かせない存在になっています。子どもの人格形成にも大きな影響を与えていたことでしょう。乳母は子どもに寄り添っている限り比較的自由な動きができたことが想像できます。

▼乳母　ちっと　たしなめ位　屁ともせず（6―24）

周りの人が乳母に注意しても気にもしません。大切なご主人様の子どもを預かっている身ですから。乳母の我がままとも思える振る舞いは子育てに自信があるからか、世間知らずの故なのかどちらでしょうか。もっとも中には乳母が我がままになり、主人を困らせたと言う句も伝わっています。

**▼歌がるた　手ひどく乳母は　イジメられ**（1―43）

都会風なカルタ遊びが分からずに一枚も取れません。周囲からいじめられています。この乳母はきっと経験の少ない若い乳母なのでしょう。

**▼菖蒲太刀　乳母どっこいと　受け止める**（10―26）

育てた幼児が少年になり、菖蒲の節句の飾り太刀で乳母に切り付けます。乳母も負けていないでエイヤッと受け止めています。養育者の乳母と子どもの信頼関係が底流に育っているようです。

他の句集にこんな乳母もいます。「**菖蒲太刀　そりゃ抜いたりと　乳母逃げる**」怖い、こわいと逃げ回ることも。子どもと乳母の遊びです。

**▼雪打ちの加勢に　乳母の片手わざ（技）**（2―1）

雪合戦で自分の子どもの味方として、片手は子どもと結んで、残りの片手で雪つぶてを投げる逞しい姿が見えます。この乳母は元気な若い娘さんのようです。

**▼二日灸　味方と思う乳母も敵**

二日灸：2月2日に灸を据えると良く効くと言われており、虚弱な子どもの健康増進に灸を据えていました。

熱くて泣き騒いでいる子どもを親と乳母の二人掛かりで押さえています。この時ばかりは信頼している乳母も敵になってしまいます。

### ▼乳母が尻を叩いて　御用　憂き目を見（6―5）

乳母は使用人の中では特別な存在であったのですが、子どもの尻を叩き暴力を振るったので仕事を失ってしまいました。今も昔も子どもへの暴力は嫌われていたのでしょう。

### ▼虫持ちにしたのは　逃げた乳母のせい

虫持ち：癇の虫に代表される観念上の虫。癇の強い敏感な性格を指すことが多い。気難しい子どもに育ってしまったのは、辞めていった乳母に原因があるのだとされてしまいます。直接養育に当たる人に責任を押しつけるのは世の習いです。それほどに養育者の振る舞いは子どもに影響を与えてしまいます。

〈点描〉**名前の呼び捨て**

小さい頃から暮らしを共にしていると名前で呼び、それも「一郎」などと呼び捨てにしています。これが高校生後半くらいに我が家に来た場合は「山田君」などと呼ぶようになります。この呼び方は18歳で家を出た後も続くから面白いものです。

機会があって巣立った里子のシェアハウスを始めました。我が家にいた元里子が住人になっても、名前の呼び捨てで済みますが、大人になって出会った若者には「佐藤さん」などと呼んでしまいます。子どもの頃暮らしを共にする間柄は、独特の人間関係が持続するようで呼び捨てにしても軽く見られた等の心配する必要はなさそうです。

我が家から巣立った若者に対して名前の呼び方も丁寧語は使ったことがありません。相手も違和感はないようです。

# 第3章　ドラ息子と巣立ち

小さい子どももあっという間に成長して思春期を迎えます。誰でも通る道ですが、親は気持を逆なでされる経験をすることになり、どう対応して良いのやら困り果てます。子どもはそれぞれ違うので、親は自分でそれぞれ対応策を考えなければなりません。

ここで取り上げるのは、親から離れる頃の若者の姿ですので、中学高校の頃の「分からず屋」の時期よりも年齢が上の若者です。古川柳の世界では思春期の葛藤という側面よりも、若者の不始末が題材になっています。親の眼鏡にかなわないときには、他人に預けて育て直しを依頼したり、勘当したりと親の苦労は尽きません。反面、親の甘い子育てに原因があると言われてしまいます。

## 《ドラ息子》

ドラ息子の中身としては放蕩息子、怠け者、道楽者などと言われ、当時は遊郭にまつわる話が多くなっています。何か不始末をしでかし説教されている図柄は、今も昔も十分に通じます。大人の言うことに素直に従えない若者には如何ともし難いところがあり、同時に新しい息吹をも感じさせてくれます。

ドラ息子のイメージは高校生よりも上の年齢層ですので、今の里子に結びつけるのは無理があると思われます。そうは言うものの、句の中の若者を通じて似たような場面に遭っている方も多いと思われます。若者の反発は新しい時代を感じさせると共に、それなりの理由があるようです。

**▼息子の耳は馬　つら（面）は蛙なり**（24―25）

「馬の耳に念仏、馬耳東風、蛙の面（つら）に小便」の格言をベースにした句です。

○何を言っても響いてきません。それにしても、子どもも中高校生くらいになると、親の言うことは聞こうとしない、反発の方が多くなります。大人がイライラしたら若者とのバトルは負けです。子どもは今を生き抜く知恵に優れていますので、大人からの意見にも正々堂々と反論してきます。

「親の意見と冷や酒は、後に利く」の諺のごとく、聞く耳を持てないときは何を言っても効果はゼロです。大人はどっしりと構えて言うべきことは言い、伝えるべきときは伝えておくのも大人の役目でしょう。

一連のどら息子の態度は、大人にとっては腹の立つことですが、若者には若者の考えや人に言えない本当の理由や背景があります。大人にそんなことを言っても聞いてもらえません。若者は直感で聞いて貰えないことを分かっていますので、慎重な面立ちで頭を下げてその場をやり過ごします。

## ▼ドラに会いたいが　末期の願い也（5―10）

家出したのか追い出したのか、苦労させられたドラ息子は目の前にはいません。何処でどうして暮しているのやら、死ぬ前に一度会いたいと願う親です。言えなかったことを言いたかったのでしょうか。

## ▼無理な意見は　魂を入れ替えろ（24―15）

子どもが何やら不始末を引き起こし、親や大工の棟梁などの説教が始ります。説教の締めくくりは「心を入れ替えて真面目にやれ」で一段落を迎えます。しかし、子どもにとっては、大人の説教が頭の上を吹き抜けていくだけです。

不始末といっても自分なりのいきさつがあり、そうならざるを得なかった理由もあります。ただ、大人にはそんな背景は分かるはずもありません。心を入れ替えろと言われても、そんなに簡単にいきません。話は全て平行線で交わることはありません。

## ▼親の気になれとは　無理な叱りよう（10―14）

子どもを叱る時、親は「情け無いったらしょうがないね、親の気持ちにもなってごらん」と、つい口に出てしまいます。

○自己主張の現れ方としてこのように若者の姿を並べてみると、何処か若者の声が聞こえてきます。今風に言う「当事者の声、声なき声」になるのでしょう。大人には分かって貰えない沈黙の声とも受け取れ、大人を乗り越える一時期の姿にも見えます。これが本当の自立への大きな一歩と言えるかも知れません。若者は口には出さないけれど、別の場面で生活ぶりを修正して行っています。「親連れ（ズレ）より、友連れ（ズレ）＊」の諺のように、学校や仕事で出逢う友達から学ぶことが大きいものがあります。ましてや実親と違う里親は、どの程度影響力があるか足下を見て進みたいと思います。

この若者の面従腹背こそ、当事者の声なき声と捉えることもできます。当事者の声を聞くことの大切さが提唱されていますが、現実には多くの若者は声を上げています。胸を貸すくらいの大人になりたいものです。（＊親による影響より、友の影響が大きい）

## ▼一盛り　身になる顔へ　遠ざかる（1—43）

一盛り（ひとさかり）：働き盛りの世代

働き盛りの若者に、親身に意見を言ってくれる人は敬遠されるものです。

▼**わがドラを　先へ話して　意見なり**（22—14）

親の意見に従わない息子を親戚のおじさんや大工の棟梁などに頼んで意見をして貰います。説教の始めに自分の若い頃の「ドラぶり」を披露しながら、大人は子どもの気持をこちらに向けさせる工夫に躍起です。昔話は聞き飽きたわ、早く用件を済ませてよ、遊びに行くんだからと、頭から聞く耳を持ち合わせていないかも知れません。

▼**小言いふ内に　なくなる春の雪**（11—3）

親が子どもに説教を繰り返しています。くどくど続けている内に、春の淡雪が溶けてしまいました。

**▼おやじへは　古今無双の嘘をつき**（S４―15）

父親から「今お前は何をしようとしているのか、何を考えているのか」と問われて、大言壮語なことを言ってのけます。親は嘘であることを見抜いているのに話を続ける息子がいます。

**▼ドラがいたならと、まくり（海藻）を母のませ。**（11―６）

まくり（海藻）：煎じて虫下しの薬になる漢方薬

どら息子の若者は子どもが出来た今も直っていないようです。遊びに行ってしまったのか、おばあちゃんが赤子に薬を飲ませています。

〇「習い性いとなる」のように、習慣となったことは簡単に直りません。親から子へ伝わっている性格かも知れません。氏か育ちかは昔から話題になりますが、子どもの動きを修正することは生易しいものではありません。両方だろうとの答えしかありません。特異な動きも躾だけで片づけるのではなく、持って生まれたものも関係していると考えた方が説明が付きやすいこともあります。

**▼母の慈悲　塵芥よりも軽んじる**（8—20）

若者には母親の言う本当の意味が伝わりません、母親の愛情など分かるはずもありません。

**▼親のすね　今を盛りと　かぢるなり**（S10—6）

今使っている言葉ばかりですので、字句の通りです。今を盛りの表現もユニークです。親が元気なうちは何とか脛もかじり勝手があるのでしょう。これが老親となると、そんなにかじれなくなります。

**▼おやじ　は（迅）し　もうろくすると願うなり**（16—17）

うるさい存在の父親が早く呆けてくれないかと、願っているドラ息子がいます。

○こんな言い方の出来る里子はいるでしょうか。多様な里親子の関係がありますので一括りには言えませんが、これは実の親子だから言えるのではないかと思います。里子は本当に里親の脛をかじるという感覚があるか、親父のもうろくを願っているのか実のところ考えられません。里親に我がままを言うことはあるでしょうが、18歳頃になれば節度ある動きになってきます。ここが里子と実子の違いがあるのかも知れません。

**▼孝行のしたい時分に　親はなし**（22—23）

広く定着している句で、読んで字の通りです。

○ドラ息子をテーマにした句は多くあるのですが、子どもに忠告するタイプの句は多くありません。探すのに苦労します。相手に反省を求めるような発想を古川柳は持たなかったのかも知れません。

とは言え、「石に布団は着せられず」の諺にも流れるように、今も昔も子どものズレに悩む大人の姿に共感してしまう人は多かったのでしょう。

**▼鬼になってと　言う人は　情を知り**（11—3）

鬼になって厳しいことを言う人こそ、本当の情を持っている人ですよ。その通りなのでしょうが、良薬口に苦しの通り若者には分かろうはずもありません。

**〈点描〉バイクが欲しい**

19歳の頃の話です。ガテン系のアルバイトをすると給料がそこそこ貰え、バイクなども手が届くようになります。バイクの購入には保護者の承諾書が必要になり、購入承諾者になって欲しいと言ってくる場面がありました。バイクは危険だからもう少し待ってみろと説得しても、自分で稼いで買うのが何故悪いのかという理屈で反論されてしまいます。

たまたま、この若者には前にいた学園長が未成年後見人となっていましたので、そこで決めて貰えと矛先を向けることになりました。園長はお前のことを良く知っている里親に決めて貰えといって門前払い。里親は財産管理権を持たされておらず判断の権限はないと断っていました。本人が里親と園長との間を行ったり来たりしているうちに沙汰止みとなりましたが、高校を出て1年目に彼はバイクを手に入れてしまいます。

やはり危険なので仕事で車が必要になるという理由で、軽自動車に切り替えることにしました。今では妻子を車に乗せて家族奉仕に励んでいます。

## ▼お袋を　恐がる息子　少し抜け（7―7）

母親が怖くて言うことに逆らえない若者にはどこか頼りなさがあるようです。

○大人に逆らうのも若者の特権です。精一杯反抗するにも、心がそれなりに成長していないと出来ません。大人の言いなりになるのは、年齢相応に成長していないのかも知れません。

**▼お袋に　聞いて行こうは　たのもしい**（7—30）

この場合の「行く」先は吉原のことと読むのが普通でしょうか。作者はこの若者をたのもしい（先が楽しみだ）と見ています。母親が承知で遊郭に行くのはどうなのでしょう。作者はそれをたのもしいと見ており、この辺の事情は今の私にはわかりません。いずれにしても親を困らせる若者がいた反面、大人の言うことにすんなり合わせる若者もいたのでしょう。

他の句集に「**手習いをしろと　ぬかす　丁稚言い**」とあります。

「番頭が俺に向かって手習をしろと抜かしやがって」と丁稚が言っている。上から目線で子どもに注意する大人に向って、丁稚奉公している子どもが反発しています。

**▼とうしせん（唐詩選）見ている息子　けちなつら**（11―21）

唐詩選：知識人が愛読した中国の古典

難しい本を読んでいる男がいるけど、味も素っ気のない顔をしているじゃないか。

○ドラ息子の仲間は肩書によらない暮らしを築いていくことになり、肩書きや親の光に頼った生き方から遠い所にいます。教養を身につけた常識人への反発があるのでしょう。良い学校を出て一流の会社に就職するコースを歩める若者は少数者です。そんな道に縁遠い多くの若者は不利な条件の下で、権威とは遠いところで精一杯自分の力で逞しく生きていかねばなりません。

**▼親たちは　おこもに　遺（おちる）と　言い当てる**（9―16）

おこも：今は差別用語になっている乞食のこと。

両親は子どもの行く末を「おこも」に身を落としてしまうだろうと予測しています。悲しいかな当たってしまいました。落語の枕に「おてんとう様と米の飯は付いて回ると言いますが、米の飯は付いて回らないもので・・」道楽もほどほどにしないと、身の破滅を招いてしまいます。

## 《勘当など》

子どもも若者に変身していくとさまざまな不行跡が重なっていくことがあります。既に親の手に負えなくなり、親子の縁を切るとか勘当するなどに発展することになります。私たちのイメージとしては災難が自分たちに及ばなくするために、一族から切り離して関係を断ったものと考えがちです。そのような処置もあったのでしょうが、川柳や落語の世界では少し柔らかい関係が伺えます。

親許から離して仕事の親方などに若者を預けて再教育をして貰ったりします。いわゆる居候です。句では「掛かり人」と表現しているものもあります。

**▼勘当が　村の祭りの　師匠なり**（17―6）

遊びが過ぎた放蕩息子を勘当しましたが、村のお祭りではリーダー役をしているではありませんか。このドラさんは村の人気者なのでしょう。祭りのまとめ役を果たしています。

○いろいろあって勘当されてしまったのですが、「芸が身を助く」の諺のように自由な動きのできる場では力を発揮できる若者だったのでしょう。いろいろ遊びを経験し誰よりも多くの経験を積んでいるのでしょうから、幅の広い若者であったかも知れません。時代に合わなかったのでしょうか。もっとも、落語の枕で「芸が身を助くるほどの不幸せ」とあるように見方はいろいろあるようです。

**〈点描〉もっと遊びたかったな**

我が家で育った元里子が集まると、どうやって遊ぶかの話題で話が盛り上がります。新宿街の裏話や怖い店の話に、釣りやドライブの話に人気があつまります。我が家ではそんな話で団結しているようです。本当の気持はさて置き、世間で言われるような孤独と貧困にからむような話は出たこともなく、里親抜きで里子が集まると、悪さの話ばかりのようです。

それにしても、社会的養護の分野では、子どもの裾野を広げるような習い事とか、夢中になれる何かに出会うこととか、べらぼうな考えを展開させる環境にないことも事実です。つまり失敗することを自己規制せざるを得ない環境に置かれてしまっています。里子は会うといつも言います「もっと遊びたかった」と。

**▼勘当をとうとう　母はしそこない**（9—34）

字句の通り。親は強く出られないものです。母親の情なのでしょうか、親子の縁を切るタイミングを逃してしまいました。
他の句集に「**障子越し　泣いて久離を　言渡し**」とあります。

**▼勘当の羽二重で　ぶばたらき（不働き）**（５—42）

羽二重：高級な衣服、
勘当されても自分の境遇が変わったことを理解していません。これまでのようは服装のままで働こうとしません。習慣を変えることは並大抵なことではありません。

**▼左遷の身だと　銚子で　まだしゃれる**（９—28）

銚子：息子が親から所払いになる場所としてこの地名が使われていました。娘は稲毛の地名を使っています。左遷をさすらいと読ませる句集もあります。菅原道真の九州左遷とダブらせているようです。

勘当の一歩手前の処置として親元から離して暮らさせる手段もありました。勘当したのか居候レベルなのかは分かりませんが、事の重大性が理解できずに「ええ格好」していま す。強がりなのでしょうか。

**▼勘当を　麦で直して　内に入れ**（2―39）

麦：ここでは麦飯のことで、外に出て苦労すること
他人の飯を食って苦労して立ち直り、勘当が解かれました。勘当は親子の縁を永遠に切ることではないようです。親子の情をベースに家を維持しながら、家系を繋ぐ知恵もあったのでしょう。

**▼勘当のゆ（許）りた祝いに　又　こける**（11―35）

勘当が解け許されたのは良いのですが、直ぐに元に戻ってしまいました。悔い改めるの

は難しいようです。

**▼勘当の息子に　寒さ　橋で逢い**（21―25）

冬の寒さの中、橋の上ですれ違ったのは勘当した息子のようです。親は神田辺りに住まい、追い出した息子は深川か浅草辺りにいるのでしょうか。

○勘当は本当に厳しく親子の縁を切ってしまう場合もあれば、暫くして勘当を解くこともあったようです。この句の親子は先行き許される関係になるのでしょうか。息子は少しは身に染みているかもしれません。

**▼親分は　大きな捨て子を拾うなり**（16―3）

勘当されたりして、身の置き所のなくなったドラ息子の行き先の一つとして、どこかの親分の下で口すすぎをすることになります。そうやって親分は子分を増やしていきます。

○親分は多分、ヤクザの親分のことでしょう。職人など正業の棟梁格の親分だと良いのですが、世の中そんなに甘くはありません。身を寄せる場がなく行き着く先は、裏稼業の下働きとして食っていくしかありません。親が知ったら悲しむでしょう。当時は親族から切り離されると、生きていくのが大変な時代でもあったのでしょう。

**▼掛り人　何をするにも手暗がり**（S9—20）

掛人：不都合をしでかし他人に食べさせて貰っている若者で居候のこと。「かかりうど」と読ませる解説書もあります。

居候者は遠慮があるのでしょうか。末席に座っているので手元まで灯が届きません。

**▼掛り人　寝言にいうが　本のこと**（1―18）

遠慮している居候、言いたいことも言えず、寝言だけし　か本当のことが言えない境遇です。同じ趣旨の有名な句に「**居候　三杯目には　そっと出し**」もあります。

## 《甘やかし》

怪我をしないかとか、子どもの将来を心配する余り、どうしても親はいろいろ手と口を出してしまいます。いつの世もそんな習性が親にはあったのでしょうか。里親の場合、人生の途中で出会った子どもとの間合いの取り方が分かるまでには時間が掛かります。その間どうしてもお金や物を与えて解決してしまう傾向が見られます。大人にとって千円は大きな金額ではないのですが、小さな子どもにとっては大金です。里親の心のどこかに、子どもに嫌われるかも知れないと虞れる気持ちがないとは言えません。

**▼喰うほどは教えて　天狗おっぱなし**（1―20）

天狗は子どもが自分で食べていける最低だけを教えて、余分な保護をしないで突き放すものだそうです。天狗を冷静な大人の意味に捉えると意味が通じてきます。「おっぱなし」が日常的に使う言葉でおかしさが残ります。

天狗の話として作者は話題にしたのでしょう。当時芝居か何かで街の話題となっていたのかも知れません。今も昔も同じような見方があったのでしょう。心の片隅に置いていきたいと思います。

**▼子ぼんのう　小判を持たせて　困るなり**（4―13）

子どもの願いを直ぐに聞き入れてしまうのは困りものです。お金を与えるとか、言われるままに買ってあげてしまうのは困ったことです。

### ▼母の相づちで　なまくらものに　なりにけり（14—35）

母親は子どもの言い訳に賛同の相づちを打ち、補強してしまいます。母親が過度に庇いすぎると、子どもはなまくらになってしまいます。

○この場面で父親や祖父母が出てこないのは何故でしょうか。母親だけが悪者になっています。本当にそうなのでしょうか。甘やかしと言ってもマイナスのイメージばかりではありません。ある程度子どもの言う事を聞きいれて、絶対的安心の場を作り上げることは子育ての要です。自分を最後まで守り抜いてくれる存在は、そこから新たな歩みを始められ冒険にもチャレンジできるようになります。

子どもの意見表明を尊重しようとの世の中の流れもあり、何処まで厳しくするのか答は出そうにありません。一般的なアドバイスでは子どもと良く話し合って決めましょうというのが正解となりますが、宿題をどの程度子どもに迫るのかとなると、事は簡単ではありません。夏休みの終わる前の8月31日の苦しみは最高調に達します。

## ▼どうやら　こうやら　ドラ者に母はする（13—14）

母親は何とか言ってもこれまでの間、甘やかしてきて、結局はドラ息子になってしまったようです。

○「年寄りの育てる子ども三百文安くなる」の諺にあるように、祖父母の子育ては、どうしても子どもの言うがままになってしまいます。何か不都合が出れば、親に返せば済んでしまうためでしょうか。庇いすぎる母親も子どもに我慢する力を養えず、困難に直面すると弱音を吐いてしまう子どもに育ててしまいます。子どもは社会に出て世の波にもまれて、甘やかされた癖を乗り越えるのに一苦労することになります。

甘やかすことは母親に限ったことではありません。祖父母も同様ですし、似た状況に里親もあります。「親ばか、子ばか」とか「親の目は、ひいき目」など駄目親の諺も伝わっています。気を付けたいところです。

コラム　**子どもが里親から離れる時**

乳児から18歳までの里子の措置解除数を見ると、平成30年度の解除数は１４６４人で、（帰宅）実親による引取りと養子縁組を合わせて5割を越えます。

この図表の就職とは、高校を中退して働く子どもです。暮らす場所は多くが自立援助ホームを利用するか親などの元に戻るかが主となります。

満年令とは、18歳で里親の家から進学や就職して巣立っていった子ども達です。里親の下に来るのは幼児期とは限らず、中学生くらいで措置されてる場合も多くありますので、長期に里親の元で暮らす子どもは多くはありません。

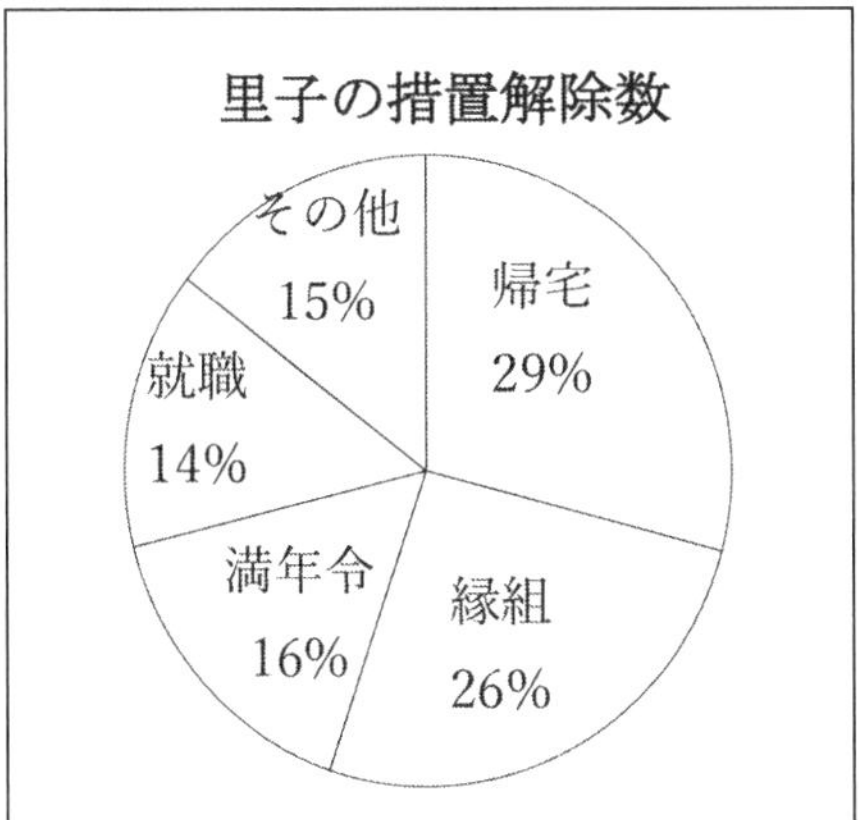

## 《巣立ちを考える》

子どもは一人立ちしていきます。それが何時どの場面で巣立っていくかは人により境遇によりさまざまです。歩み始めたと思ってもすんなりいくとは限りません。後戻りしたり、途中で躊躇したりと周りをはらはらさせます。今は大学進学する場合は22歳を巣立ちと考える人もいます。しかし、社会的養護の子どもは18歳に決断を求められます。18歳を越えて里親の家にいられたとしても、いつかは巣立たねばならないことは肌で感じているはずです。悲しいかなここのところが実子や養子と里子の違うところで、これまでの付き合いとは一線を画さなければならない現実があります。川柳にヒントを求めたのですが、里子の自立を匂わす句を捜せませんでした。18歳の巣立ちの場面はこれまでの子育ての成果を見ることのできるときでもあり、子どもにとっても大切な節目になりますので、私の経験を少し触れてみたいと思います。

## コラム　里子の里親家庭への委託期間

里子の平均委託期間は４・５年となっています。委託期間３年以下が約５割でこの中には特別養子縁組３００人程度が含まれいます。11年以上里親の家にいる子どもは、幼児期から18歳まで委託されている子どもと想定されます。その割合は約１割以下です。

一般的に里子が長期に里親の家で養育されていると思われがちですが、里親が比較的短期間の養育を担っています。短期間であっても子どもの大切な時期をカバーしている点では養育里親は貴重な存在といえます。

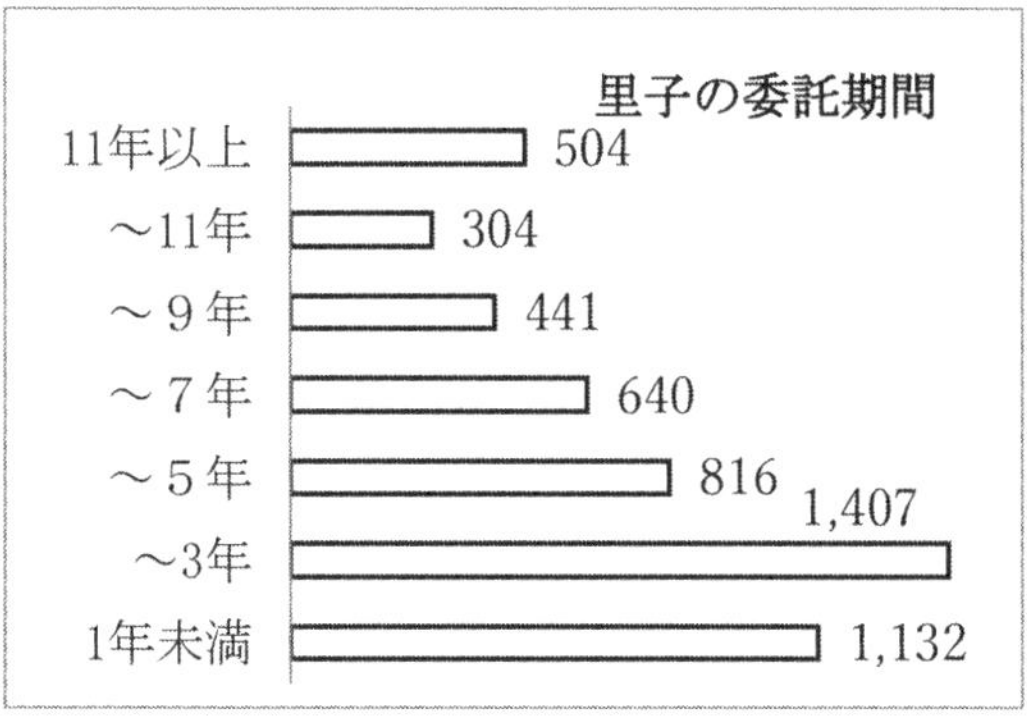

**〈点描〉いつまで同居を**

里親サロンで里子との同居の話題になります。何人かの里母の声を拾ってみると「それじゃ、同居はいつまでかしら。20歳とか大学を卒業までは分かるけど、家を出ていく次の節目は結婚かしら。結婚できなかったらズーと家にいるの？」と。話しの先が見えてくるようでもあります。

実の親子でも巣立ちを経験することは当たり前で、誰でも一度は親から離れるものです。巣立つことは当たり前のことなのです。まして里子の場合は居候になりますので、「居候　置いてあわず　居てあわず」の諺のように、段々居心地が悪くなるでしょう。もっとも、最近はパラサイト家族とか言って、親と一緒に暮らし続ける若者も多いようですので、簡単に暮らしのスタイルを決めつけるのは慎まなければなりませんが。

**〈点描〉高校卒ではダメなんですか**

世間では18歳後に大学などへの進学を勧めています。国の方針もあり給付型奨学金など整えられつつあります。それはそれで結構なことで、今の境遇を抜け出る手段としては一つの方法であることは確かです。世間の若者が22歳くらいまで親の脛をかじって社会へ出て行くことを考えると、里子が18歳で就労の途を選ぶことは明らかに不公平です。

しかし、勉強の苦手な子どもがいることも事実で、就労を進学できなかった者が選ぶ道と位置づける風潮には疑問を持ちます。進学以外に生きていく知恵を手にする途が他にもあることを知って貰いたいと思います。

## 〈点描〉　引っ越しは自力でしろよ

「これから行くところをよく考えて何が必要か書き出してみろ」と言いますが、なかなかピタッとした答えが出て来ません。大型家具を買いたいと計画する18歳もいますので、我が家では歴代引っ越しは自分でやることをルールにしています。今の子どもは全体に、大人がやってくれると思っているようですので、自分の力で引越しをさせるようにした経緯があります。

誰も助けてくれないと分かった時、本当の意味で巣立ちです。その意味で引っ越しへの対応は我が家では一つの儀式です。援助ホームなどに行く場合は家具はいりません。アパート暮しの場合は直ぐに冷蔵庫などは必要になります。転居先の電気屋などから届けて貰う方式に考えが落ち着くまでに相当紆余曲折があります。家具は別にしてパソコンやテレビ身の回りの物は、一人で何回かに分けて運ぶのが我が家の伝統になっています。

**〈点描〉 人のせいにするなよ**

親が悪い、社会が悪いと他に原因を求めているうちは真の自立は先延ばしになります。子どもたちは成績が良いとか悪いとか、知的に遅れているとかには関係なく、18歳後半頃には巣立ちの覚悟を決めなければなりません。社会的養護の子どもは可哀そうと思っても、避けられない現実です。好むと好まざるに関係なく、自己責任の世界に入って行かざるを得ません。

誰も助けてくれないと分かった時に、巣立ちの一歩を踏み出します。そうなると自分で何か道を見つけてくるから不思議です。

親との縁が薄かったことや、不登校などの経験をしたことなどは、済んだこととして受け入れるかどうかも鍵になります。ときには気付かない若者もいますが、いつか分かる時が来ると思いその機会を待つしかありません。

加えて、自分の偽らない本当の姿を直視できるようになることが、巣立ちにあたって鍵となります。偽らない姿を見つめるには、ある種の勇気が求められ辛い脱皮の瞬間でもあります。自分と向かい合えるようになると、どんな辛いこと、悲しいことに出会っても乗り越えられるものです。子どもに誰がどうやって伝えていくか、大人にとっては難問です。

## 〈点描〉早くアパートに帰れ

自立した後に我が家に来るにも、ひょっこり来て当り前の顔をして居間でテレビを見ていて、夕飯のできるのを待っています。食事が終わってもテレビの前でグズグズしているので「明日の朝早い仕事があるんだろう、早く帰れ」と追い立てます。食事もそこそこに帰って行きます。これも20歳半ばまででしょうか。

20歳半ばを過ぎる頃から、それぞれ忙しくなり足が遠のいていきました。知らせの無いのは、良い知らせとホッとしています。フィアンセを連れて来たり子どもを連れてくるようになると趣も変わってきます。本当のところ、元気な姿を見せてくれるのはありがたいのですが、「貴重な日曜日をもっと嫁さん孝行しなけりゃ」などと言ってしまいます。

### 〈点描〉 人並みの落とし穴

親はせめて子どもに「人並み」をと願います。世の荒波を知っている大人としてはそう願うのは当然でしょう。でも期待に応えられない人達が出てしまいます。それは当然のことで、人並みを願うことは平均以下の存在を暗に認めているからです。現実を重視する余り、弱者を差別したがる人の習性が透けて見えてきます。他者との比較は程々にしておかないと、追いかけられる暮らしから逃げられなくなります。

巣立った里子のその後を追ってみると、冷や冷やすることを経ながらも、自分の性に合った仕事に収まっているようです。里子は世の中で注目を浴びるような場面は多くありませんが、思った以上に堅実な歩みをしています。「好きこそものの上手なれ」の諺の通り、若者は自分に合った仕事や暮らしを求め悪戦苦闘しているのが現状です。好きなことの辿り着くまでの試練は、誰でも通過するものです。

## 〈点描〉なんで美味しくできるの

高校3年生も半ば過ぎになると、我が家では夕食を自炊させるルールになっています。子どもによっては手の込んだ食事にチャレンジすることもありますが、大方はだしの素などで済ませるようにしています。従って我が家のテーブルには2種類の食事が並ぶことになります。一緒にいる小さい里子は「お兄ちゃんのお肉、美味しい？」と口元を見つめることもあります。「それじゃ、これ食べろよ」と貰ったりする場面もあります。

そんなある日、味付けが上手くいかなかったらしく「どうして、その味になるのかな」と聞いて来た子がいました。我が家では特別なことをしたり、高級食材を使っている訳ではなく、「愛情一滴、隠し味よ」と答えておきました。彼は納得。今でも話題になっています。

いらいらしているときなど一口お腹に何かを入れるとスーと落ち着くのも事実のようですし、自分の境遇を語るのも食事の時が多いようです。食事の持つ大きな力を感じています。

# 第4章　子育ての光と影

どんな時代でも物事には光と影があり、古川柳にもその影の部分を感じさせる句に出会います。さらりと言ってのけますが、想像する限り厳しい現実が背後に見えてきます。その時代特有の掟や差別が社会の底に流れており、当時の人達はどんな思いでいたのでしょうか。

そんな厳しい環境に目を向けている詠み手の心には、辛い思いをしている若者への共感も端々に見られます。私達のご先祖様の過酷な暮らしを逞しく生き抜いた姿と出会えて、世の中捨てたものではないとほっとする時もあります。

## 《子どもの受難》

索引を見る限り「里子」の字句が出てきたのはわずかでした。里子は今で言う養子縁組のことだろうと想像できます。「継子」の句が幾つかあることを考えると、当時の慣行がどのようになっていたのでしょうか。また、子どもとの関係が上手くいかないときには、早い時期に奉公に出すことなどもあったでしょう。専門家の検証が待たれます。

中絶や捨て子の背景には生活の苦しさが横たわっていたと思われますが、なかには自分勝手な事情もあったでしょう。文庫本の索引で見る限り思ったよりも沢山の句がありました。子どもは大人の私有物との感覚が一般的であった時代は、子どもにとって受難の時代が底流にあったのでしょう。

## ▼間もないに　里子をかえす　はずかしさ（4—30）

子どもができないので里子を貰ってはみたものの、自分に子どもができてしまいました。ちょっと恥ずかしい気がします。里子を返すことにしました。

○大人の都合で里子が返される現実は辛いものがあります。今の日本の特別養子縁組制度では大人の都合で離縁はできません。子どもの立場に立った発想が薄かった時代にあっては悲しい話で終わってしまいます。子どもの暮らしの場を変えることは慎重にも慎重が求められます。

今の里親制度では毎年何組かの措置変更の話しを聞きます。事前に何らかの工夫はできなかったのか、心の傷が深くならない措置変更の方法はないのか、話を聞く度に思い悩みます。

## 〈点描〉 最初の子どもは施設に戻りました

小学校５年で我が家に来て、中学３年になる直前に施設に戻りました。落ち着きがなく、怪我など心配の種は多かった子どもでした。学校で友達もいなくなり、中学２年ころから成績も見る見るうちに落ち込みました。ノートに書く字もこれまでにはきちんとした字の書ける子だったのに、漢字を使わなくなりへなへな字になり出しました。帰宅後も一人で町の中をうろうろするなど、このまま我が家にいるよりもきちんと枠のある生活の方が向いていると考えるようになりました。

施設変更となり、里母が施設まで連れて行くことになりました。子どもは相当にショックだったでしょうが、里母も忸怩たる思いだったようです。この不調経験がその後の私ども夫婦の里親生活の柱になったように思います。

参考までにこの子は高校一年の夏に我が家に戻ってきて18歳の巣立ちを果たしていきました。その後もいろいろなことがあって今は30歳を越え、子どもも出来て家族ぐるみの付き合いが続いています。

### ▼中条の　むごったらしい蔵を建て（3―1）

中条：中条流を引き継ぐ医術で、実際には堕胎を専らにする医者を指す。
中絶の医術で蔵を建てるまで稼いでしまっている。何と惨いことでしょう。
○こんな句もあります。

**「中条は　手ばかり出して　水を打ち**（1―29）」医者は顔を見られたくないので、門前の水まきも暖簾の内から手を出すだけでやっています。

中条の単語の出てくる句は結構ありました。作者の目は中絶でお金を貪るのは「むごたらしい」と表現しているようです。蔵を建てたことを非難しているのか、中絶を非難しているのか、どちらでしょうか。当時は子どもの尊厳を守るという考え方が無かったようですので、前者の匂いが強く感じられます。しかし、今は命の尊さが言われている割には相当数の中絶が行われていると聞いています。今も昔も同じなのでしょうか。

**▼はらんでも良いと　橋から連れてくる**（21―16）

いろいろな事情から妊娠してしまった娘が橋から身投げしようとしています。すんでのところを、親が見つけ出し家に連れ戻そうとしています。「子どもが出来たのは仕方のないこと、死のうなんて考えないで帰ってこい」と。

○特別養子を希望しているある里親がぽつりと「子どもが欲しい人には子どもができない反面、直ぐにできてしまう人もいるんですね」と。子どもが欲しい人も一方にはいることを若い人に知って欲しいと思います。

〈点描〉 **友達の彼女に「子どもが出来ちゃったんだって」**

元里子が高校時代の友達を連れてきて「どうしようか悩んでいる」と相談に来ました。「結婚して子どもを育てろ。親のない子にするな」と、私は即座に悩むことなく答えていました。迷わず即答したのは、命の尊重などという発想はさておいて、人が相談するときは答を予め予測して相手を選んでいると思うからです。「子育ては二人でするものだ」といつも口にしていたことを知っていて私を選んだのでしょう。

それにしても若いことは素晴らしいものです。安産で元気な子どもを産み、今は3人で川の字になって子育てをしています。この友人とは今も双方の子どもを交えて家族的付き合いが続いており、一生の宝物となっています。

**▼子を二人捨てて　おやおや　とんだこと**（S２―31）

抜き差しならない事情があったのでしょうか。それとも身勝手な考え方からでしょうか。二人まで子どもを捨てて、他人に子育てを委ねようとしています。そのことを作者は「とんだこと」と非難しています。

○捨て子を「とんだこと」と見なしている感情は今と同じなのでしょうか。自分の手で子育てをすることが本筋であるという意味が失われていないことに時代を超えてエールを送りたいと思います。

**▼とりあえず　捨て子の親を鬼にする**（S10―25）

捨て子のことを知った町の人は、とりあえず親を悪者にしてしまいます。

○誰でも捨てた親を非難するのは仕方のないことですが、当時の記録によると、暖かい布に包んで、大店の前とかお寺の門前に赤子を置いている記録があります。拾われた子どもはその地区が里親を捜すなどして子育ての責を負っていたようです。

当時の藩主によるお達しで、赤子の養育を地域の役割として扶持米を給与してる例が見られます。里親の一つの形態であるには間違いなさそうです。

## ▼子を売った金　稲妻のように消え（S6—14）

事情はどうであれ、子どもの売り買いがあったことは事実です。この句の背景には遊郭がイメージされますが、子どもを奉公に出し支度金や前金として親が受け取り、使ってしまう話は語り継がれています。子どもの人権などは頭からなく、親の所有物という常識があったのでしょう。

**▼乳飲み子を　捨てそうにして　よしにする**（18―31）

使われている字句は今でも通じますので、そのままの意味です。捨て子寸前に思い直したのでしょう。これからの子育てを頑張って貰いたいと願います。

**▼拾わるる親は、闇から手を合わせ**（S９―16）

捨てた親は隠れて、拾われるところを確認し手を合わせています。

○当時の親心が分かるような気がします。子どもを手放さざる得ない事情もあるのでしょう。「捨て子は軒の下」の諺にあるように、親の心情が推し量られます。一方的に良し悪しを決め付けるのは禁物です。

## コラム　赤い靴

大正時代の童謡「赤い靴」は有名な実話であり、各地に赤い靴の女の子の像が建てられています。未婚の母から生まれた「きみちゃん」は宣教師に里子として出され、母親は再婚して北海道の開拓地に向かいます。宣教師が帰国することになったが、きみちゃんは結核に罹っており出国が認められず、渋谷の孤女院に預けられます。そこで9歳の命を終えます。母親はそのことを知る由もなく野口雨情の詩の勉強会で、子どもを手放した切なさを語ります。その話しを聞いた雨情が赤い靴と題した詩を作り、今に伝わることになります。

赤い靴の銅像は、渋谷の孤女院跡、横浜の駅と公園、函館、母親の出身地静岡にそれぞれ建てられています。

きみちゃんには妹が生まれており、その妹が未だ見ぬ姉の消息を調べ、その経緯が分かります。養子に手放した母親の我が子への想いと、姉の消息を捜し求める妹の執念には血の繋がりの重さを感じさせられます。

## 《残された赤子》

今は乳児対応が充実しているので、乳貰いの話は聞くことがありません。乳児院の制度は暮らしの知恵の産物でもあり、時代の一つの姿と言えます。育児が個人任せの時代にあっては、子育ては大変であったろうと思われます。里子として他に養育者を求める道と、再婚して乳を貰える継母を得るか、稼ぎ手としての継父と再婚するかなどの途を選んだことでしょう。里子へ出す途もあったのでしょう。

**▼去った晩　餅や砂糖で夜を明かし**（15―24）

何かがあって母親が家を出ていってしまいました。残された父親は砂糖湯を飲ませながら朝の来るのを待っています。

**▼乳貰い　袖に突っ張る鰹節**（1―11）

残された赤子は生きていくために乳の出る女性のいる家にお願いに行くしか方法があり

ませんでした。お礼の鰹節で父親の袖がつっぱっています。お金のある家は乳母を雇うこともあったでしょうが、庶民にはそんなお金はありません。

**▼乳貰いは　冬の月へも指をさし**（17―1）

父親は赤子を抱いて家へ帰る道すがら、月を指して赤子をあやしています。何とも寂しい風景ですが、父親は頑張っています。

**▼てて親が抱いて玄関に　むごいこと**（11―42）

母親がいない子どもを父親が抱いて、医者の家の玄関に立っています。

○詠み手としてはむごい光景に映ったのでしょう。読む側からすると、やるせない気持になると同時に頑張っているお父さんの姿に拍手です。

**▼乳貰いに　行き回ってと　大みそか**（11―36）

大晦日は誰でもあたふたと忙しく過ごします。借金の清算やら正月の準備もあります。そんな中、赤子を抱えた父親は乳もらいだけは欠かせません。忙がしく動く人波の中を急いでいます。

**▼乳貰いに　今来なさいと　御用言い**（8―8）

お乳を与えられるのは同じような赤子を育てている人です。今なら実子も寝ているから連れてきても良いですよとか、ちょうど今時間が取れたからとか言伝をしてくれています。

○乳幼児の子育てについて今はかなり制度が整いつつあります。保健所の指導や地域の支援もさまざまに試みられ、医療も進歩してきました。乳幼児を預かる制度も乳児院をはじめ地域のサポーターも参加しています。

一連の句を見ると、家族を軸に地域でお互いに工夫して支え合っていたことが分かります。母乳で育てるしか方法がなかった時代ですので、乳貰いしか方法がなかったのでしょう。この現実は父親にとってはキツいことですが、子どもにとってお乳をしゃぶる事を遮断しないで済むという望外の効果も生んでいます。

今では粉ミルクをはじめベビー食品が揃っていますので、今と昔では雲泥の差といえるでしょう。

## 《足踏みする若者》

生き辛さを匂わせる句は、子どもというよりも若者を詠んだものがほとんどでした。古川柳ではどのように詠まれているのでしょうか。ドラ息子の章の続きとしてお付き合いください。生き辛さを抱えているといえば障害を持った人達もその範疇に入るでしょう。障害の分野は大きな領域を占めており、身体、視力、聴力などの障害が先ず頭に浮かびます。古川柳では圧倒的に視力障害を対象にしたものが多く、検校や座頭そして瞽女をテーマにした句がほとんどです。内容的にも大人の振る舞いをクールに詠んだものが中心となっており、親子の風景が入っていないために割愛します。ここでは目に見えにくい障害に視点を当ててみたいと思います。

古川柳の奥に何やら気になる風景が見え隠れしていると思われる句がいくつかありました。今で言うところの引きこもり、心の病や発達に問題を抱えるのではないかと考えられる句です。

障害絡みの子どもを預かっている里親は想像以上に多くいます。それも目に見えない障害で、虐待などによる愛着形成が上手くいかなかったとか、持って生まれた発達障害とか結果的には引きこもりとなったり、特異な行動に出たりと表への出方はさまざまです。

里親生活には本当に厳しい子育て場面もあり、越すに越されない状況に陥ることもあります。先行き真暗な場面が生活の中で起こります。それではその子は全て救いようがないのかというと、決してそんなことはありません。里親の家に来てから一山、二山を越えていくと、明るい笑顔が見られるようになるから不思議です。それには、衣食住が保障されて理解してくれる大人に出会うことが鍵となります。子どもに笑顔が戻り、危機から確実に回復している姿を見ることは里親冥利に尽きます。

18歳で巣立っていった若者のその後の姿を追ってみても、ほとんどの里子は逞しく生きています。回復力をレジリエンスという人もおり、その回復力の凄さも知って貰いたいと思っています。諦めないことです。

ここでは目に付きやすかった座敷牢とろうがいの字句に絞って拾ってみました。小さい子を養育している方には場違いな感じを受けるかも知れません。

## ▼おふくろの留守に　仕上げる座敷牢（23—27）

座敷牢：古川柳にはいくつか詠まれていますが、ほとんどが罪を犯した処分として詠まれてはいません。放蕩の限りを尽くしたのでしょうか、最後の手段として家に閉じ込める方法です。母親がいると切ながりますので、母親の留守中に座敷牢を仕上げようとしています。

○座敷牢という表現は並大抵なことではありません。里親としては座敷牢の中を覗きたくなります。そこには全く違う世界があるかも知れません。この種の句は、道楽の限りを尽くした息子が遊郭などで散財してしまう話を前提にしているようです。しかし、もし放蕩ではなく家に閉じ込めなければならない話であれば、全く違った絵柄が目に浮かびます。話の飛躍し過ぎをお許し頂きたいと思います。

持って生まれた気質や生い立ちから来る不適応が増幅され、社会に馴染めなくなってしまった例もあったでしょう。いつの時代でも生き辛さの背景には目に見えない障害を背景に持っている場合が多くあったはずです。解決するのは簡単ではなく今にも通じる辛い問題が透けて見えてきます。当時は家族の問題は家族で解決する時代でしたから、レールから外れかかった若者への対応に親も本人も相当苦しんだ筈です。

### ▼座敷牢　身に付かないと　根津へ行く（12—33）

根津：地名、当時ここに岡場所があった。

放蕩息子は座敷牢に入れても治りませんよ。やはり居場所は歓楽街の根津ですかね。

○親にしてみれば座敷牢という苦渋の選択をしているのに、詠み手は放蕩息子をそんなに深刻に捉えていません。ドラ息子故の発想なのでしょうか。

贅沢禁止令や取り締まりが厳しい中、常識に反発する空気がこの頃にもあったのでしょうか。読み手の趣向が見え隠れします。

**▼座敷牢　酒を飲ませて母　不首尾**（20―1）

息子から酒をせびられて与えてしまった母親、周囲から非難の的になっています。母親のお馬鹿さん加減を詠んだものでしょうが、この息子が酒癖で家に閉じ込められたと考えると風景が変わります。家族の心配はいかばかりかと思います。

**▼ろうがいの仔細　必ず隣あり**（18―16）

ろうがい：結核または、恋の病などで元気のなくなる心の病。他の解説書には「ぶらぶら病」とも記されています。

この句の場合は、結核と見るよりも恋の病と見るとストーリーが見えてきます。片想いの相手は近所にいるものです。

**▼ろうがいの元は　行儀をよく　育ち**（5―42）

元気のなくなる心の病は、行儀よく育った人に出るようです。

○元気がなく人と会うのが辛くなるなどの症状も、その表れの一種かも知れません。昔も引きこもり、うつ症状、人と交流できなくなる人はいた筈です。親の躾がどうこうではなく、生まれながらの気質による場合もあったのでしょう。

今は社会が高度にシステム化され、極度に人間関係を蝕んでいますが、昔も程度の差こそあれ、心の病には家族も本人も理由も分からず悩んでいたことでしょう。

**▼ろうがいは　忍び返しの内に　病いなり**（3―30）

忍び返し：塀の上に据え付けた泥棒避けの針のような突起、大きな屋敷のイメージ恋の病か、深窓の令嬢がお屋敷に閉じこもっています。忍びは偲ぶ恋を連想させているようです。

○恋の病程度ならば良いのですが、今ですと精神科に通ってカウンセリングを受ける人もいるでしょう。当時の社会は社会的制約が大きく自己主張を控える時代であったかも知れませんので、一人悩んでいる内に引きこもりとなったのでしょう。親が男性から娘を守っている図柄も想像できます。

**▼ろうがいの娘　行年十九歳**（10―20）

この句のろうがいは、今で言う肺結核（労咳）のこと。結核に罹った娘が19歳でなくなってしまいました。

○作者はこの娘を悼むと同時に、親の悲しみも感じ取っていたのかも知れません。19歳としているのは、当時何か世間で話題になった話がベースになっているかも知れません。昔から親よりも先に亡くなることを「逆さを見る」と言って、親にとっても辛い話です。淡々と読まれているのは、人生の理不尽さについて本人と親への鎮魂歌としているようでもあります。

**▼十九年　娘を持った　夢を見る**（21―ス4）

19年間、娘と一緒だったけれど病気で亡くなってしまいました。これまでの年数は夢を見ていたに過ぎないようだ。子どもを亡くした親の感情が滲み出ています。

## 《障害を持つ子どもの暮らしから》

里親に委託される里子の中に知的に遅れていたり精神的に落ち込んでいたりする子どもがいます。すんなり学校や家で馴染めれば問題はないのですが、そうは行かないこともあります。最近の社会的養護の分野では、愛着や発達に問題を抱える子どもが多くなり、その周辺までを含めると相当数になります。子どもの頃に不利な環境下に置かれるとその影響は長く続き、抜け出るには人一倍の努力が求められます。学校を含めて当面の重たい課題となっており、昼夜逆転の生活、不登校、執着・拘り、乱暴の形で現れ、里親としてどうして良いか途方に暮れることもあります。

知的にゆっくり目の子どもは、古川柳の中よりも落語の中に登場してきます。いずれも町の中で愛されて生きている姿を髣髴とさせる内容です。長屋の大家さんや親戚のおじさんとの間で珍問答を展開しますが、相手を侮っている風には語られていません。当時の庶民文化の温かさを感じます。18歳以降の暮らしの場としてアパートの一人暮らしを選ばず、通勤寮からグループホームに移っていきます。

精神面で落ち込みの大きい子どもは、専門機関の支援があると安心です。もちろん程度の問題もありますが、人付き合いがスムーズに行かない場合は就労も長続きしないようで、どこかで支えが必要だからです。アパートでの一人暮らしを営みながら保健師さんなどの支援を受けている人を多く見かけます。

知的、精神面で問題を抱えた子どもをストレートに詠んだ句を古川柳から拾えなかったので、我が家の一端を載せてみました。

**コラム**

### 障害を持つ里子数の推移

５年毎に社会的養護施設等調査が行われており、平成15年から30年の15年間で３１０人から2千人に増えています。

里子の全体数も伸びており、割合で見ると13％から30％と比率も増えています。障害種別の割合は知的障害が10％、身体障害４％、発達に関連した障害が86％となっています。里親が養育する上で困っている子どもは、愛着や発達に問題を抱えている場合で、この対応を間違うと里親子ともに疲弊していきます。

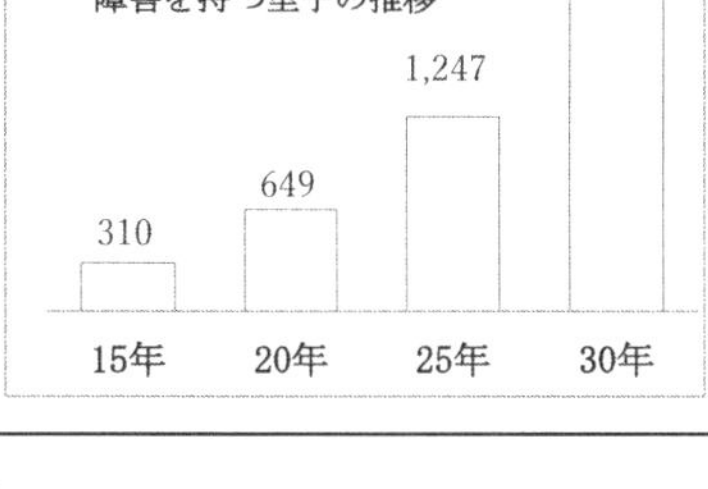

## 〈点描〉　どっこい生きている

我が家では子どもを力仕事に馴染む「ガテン系」と、人とのやり取りにが上手な「マック系」と名付けて、皆でワイワイやっています。

彼は典型的なマック系の男で、最初の職場は有名なアパレル業でした。その後は仕事が数か月続けば良い方で、同僚や直属の上司と意見が衝突し転職してしまうのです。転職を極端に繰り返すので精神科のカウンセリングを受けることを勧めたりしています。

それにしても彼は転職先を直ぐに見つけて、住むところも確保して食うだけは自力でやっているから不思議です。30歳にも届きつつある今も続いており、里子仲間では「人に迷惑を掛けないで食っていっているのだから良いんじゃない。」と評価されています。内心は悩んでいるのでしょうが、彼を囲む会話を聞いていても暗くならないのが救いです。いろいろある生き方の一つなのでしょう。

### 〈点描〉　堅苦しい家は合わないのかな

特別支援学校に通う年齢になった頃から家出の回数が増えました。当初は警察に家出届を出していましたが、少年係から「又ですか」と言われるほどになりました。本人は1週間から半月くらい経つと、けろっとして汚くなって帰ってきます。公園のテント生活をしている人のアルミ缶集めの手伝いをして食べさせて貰っていたようです。彼の場合は「自然が呼んでいる」としか考えようがありません。堅苦しい家の仕きたりが合わなかったのでしょう。

グループホームに移っても家出を繰り返していましたが、30歳を越えた頃、障害福祉課の計らいで交通の不便な施設に入所できてやっと落ち着いたようです。年に一度くらいはひょっこり訪ねてきますが、すんなり帰って行きます。

## 〈点描〉 俺はアスペルガー何かじゃない！

彼が家に来た理由は、小学校6年頃から家庭内暴力が始まり、中学1年で家庭での生活が限界、母親と祖母から離れることが目的でした。アスペルガーとのことで薬を手提げ袋一杯持っての来宅で、学校は元の中学にバス通学としました。我が家での生活振りは暴力も無く、友達と電話で普通の会話をしており発達障害の特徴は全く見えません。2、3日すると「薬は飲まないよ、僕は病気じゃない」と言い始めたのです。医師の判断で服薬は様子を見ることになりました。

目指す高校に入れたのを機に家に戻りました。その後彼が大学に進んだ時に、自身のアスペルガーについて聞いてみました。本人が通院したのは小学6年時の1度だけで、母親が薬を貰いに行っていただけだったこと、正式な診断はなされておらず、母親が勝手に付けていたとのことでした。医療関係者から子どもの診断は慎重にしていると聞かされていましたので、さもありなんの思いでした。

## 〈点描〉荒っぽい子と話が通じた子ども

彼は高校に行けなかったので、次のステップを探す目的で我が家に来ました。女性への蔑視が強く、里母の言うことは聞こうとしない。通りかかった女性に「くそ婆ばぁ、ぶっ殺してやるぅ」と怒鳴ることも。冷蔵庫の中にあるソーセージなど勝手にどんどん食べてしまう。父親も相当乱暴な人であったようです。我ら夫婦間では「野生児」と符牒を付けました。

ところが、前から家にいた2人の内の1人で特別支援学校に通っていた高校生とは相性があったのか、毒突くこともないのです。年上であることを意識していたのか、高校生の持つキャラクターがそうさせたのか、今もって分かりません。唯一の話相手であったことは確かでした。

新聞配達の仕事に就くことになり家を去る時、「世話になったな、これを使ってくんな。」とゲームのソフトを高校生に手渡していました。彼の世界の尺度があるらしく、不思議な組み合わせでもありました。暫く経ってから彼のことを高校生に聞いたところ「俺だって嫌だったよ、我慢していたんだよ。」とのことでした。

### 〈点描〉 相手を蔑視しなくなって

知的に遅れている子どもが3人いる所に、彼はやってきました。当初は3人と彼との会話もぎこちなく相手の話しかけを無視したり、低く見る動きがありましたが、1年ほど過ぎた頃から相手の持つ良さが分かるようになっていました。

相手のことを認められるようになった頃から、彼は勉強も身に付きだし枕元に参考書が見られるようになり、一皮剥けたような顔付きになっていきました。相手を認められたことは、自分に余裕もでき自信がついた結果なのかもしれません。

やたらに学校名を誇ったり、自分は違うと意識するのは追い詰められている証かもしれません。里子を一段押し上げるために有名私立校に通わせる里親もいます。そういう里子に限って人を差別する振る舞いが出たりしているようです。

### 〈点描〉 成人になると友達も絞られていく

20歳も越えてそれぞれの生活に入ると、付き合いの範囲が同じ程度の友達との交流に絞られてきます。歌舞伎町にナンパに行くとか彼女との交際の話や、免許を取って車を買う計画などが話題になってくると、元里子同士の間でも話が合わなくなってしまうようです。片や、通勤寮や福祉作業所の仲間との交流が軸になっていきます。収入の仕組みも違ってきますので、連絡を取り合うことはなくなります。連休などに我が家に寄っても共通話題が難しくなってしまいます。

確かに中高生の頃は話も合わせ、生活も同じようにしていたのに、大人になると動きの幅が違ってきます。同じような境遇の人が付き合うようになるのは、自然の流れなのかもしれません。

**〈点描〉　人との付き合いの苦手な子ども**

人と対峙するとパニックになるようで19歳まで家に閉じこもっていました。若者サポートステーションに通ったこともありましたが、就労に結びつくこともなく時間が過ぎるだけでした。そんな中、家庭内暴力で警察が関与することになり、いろいろな経過を経て家から離れる試みを我が家でしてみることになりました。部屋で息をしているのか分からないくらい静かで、後ろに立たれても存在の気配も感じられないタイプでしたので、夫婦の間では「ステルスの君」と符牒を付けました。

近くの精神障害のグループホームに空きができたので体験入所して貰い、医師の診断書を取り障害受給者証の発行に漕ぎ着けることができました。障害者の作業所に顔を出すことから始めてみましたが、やはり初日に「自分には合わない」と部屋に引きこもってしまいました。ホームの世話人との話しで「年単位で様子を見ましょう」となり、部屋で一人生活を楽しんで次の機会を探っています。

## コラム　インディアンの教え

1　批判（criticism）ばかりを受けて育った子は、相手を非難（condemn）ばかりします。
2　敵意（hostility）に満ちて育った子は、誰にでも挑み（fight）ます。
3　軽蔑（ridicule）ばかり受けて育った子は、やる気のない弱虫（shy）になります。
4　妬み（shame）を受けて育った子は、いつも悪いことをしているような気持ち（guilty）になります。
5　誉められながら（praise）育った子は、感謝の気持ち（appreiaite）を知っています。
6　心が寛大（tolerance）な中で育った子は、我慢強く（patient）なります。
7　公明正大（fairness）な中で育った子は、正義感（justics）を持ちます。
8　励まし（encouragement）の中で育った子は、自信（confoidence）を持ちます。
9　思いやり（security）を受けて育った子は、親愛の心（faith）を持ちます。
10　認められ（approval）て育った子は、自分（himself）を大切にします。
11　仲間の愛（friendship）の中で育った子は、世界の愛（love in the world）を見つけます。

## あとがき

古川柳の中から子育てに関連しそうな句を拾いながら里親の生活と結びつけてみました。私の詩情のなさと能力不足もあって川柳の趣を云々することは望外のこととして、意味が通じる句を探すのが精一杯でした。ここに掲載できたのはほんの一部となってしまいましたが、辿り着いた句は子どもの純心な動きを基にしているからでしょうか、今に通じる表現が多くあったのは幸いでした。本書の後半の２つの章は、小さな子どもの子育て最中の方にとっては、場違いな話となってしまったかも知れません。

さて、今に通じる家族モデルができ始めたのは大正期と言われ、その後は戦後の家制度廃止から始まって経済構造や家族意識も大きく変わり続けています。古くは大人も子どもも飢餓や疫病などにより愛する人との離別と直面しており、再婚したり養子を迎えたりして「継ぎはぎ家族」を形成していました。今は個人の自由な生き方としてさまざまな暮らしを指向しています。家族の形成の背景が今と昔と違っていたとしても、人は結果的に継ぎはぎ家族の途も一つの選択肢として残しています。

たとえ継ぎはぎであっても子どもにとっては家族の存在は空気のようなものです。子どもが自立して巣立つまでの家族の役割は重く、親身に子育てに当たる大人の存在は欠かすことができません。これからの社会は、子どもが専属して独占できる大人をどう保証し確保していくかが鍵となります。

最近国から提唱されている養育里親は、養子縁組を目的としないで血のつながらない子どもの養育に当たるものです。いつの時代も他人の子どもを自分の子どもとして養育に当たることは多くあったのでしょう。

継子との比較を考えてみました。継子は子連れの再婚家庭がスタートになりますので、親のどちらかは血がつながっている関係になり、継子は全くの他人が暮らしを共にする養育里親とは質的に異なるところがあります。質的に異なると言いながらも、継子を巡る句には里子の立場に通じる空気が漂っています。

あえて句集の中から養育里親に近い存在を探してみると、居候を預かる家庭、丁稚や行儀見習いを住み込ませている商家や武家、長時間子どもと関わり続ける乳母がその範疇になりそうです。そんな視点から里親制度を考えると、養育里親は「継ぎはぎ家族」の一種であって、必要に応じて家族を形成し役割が終われば解消していくところに大きな特徴が見えてきます。家族を巡る制度は社会の必要に迫られて長い時間をかけて形成されるもので、養育里親の進展にはこれからの長い試行錯誤と時間が必要になると思われます。

最後になりましたが、グッドタイム出版社の武津（ふかつ）文雄社長は戦後の混乱時期に児童養護施設で子どもの時期を過ごしており、その縁でお近づきになりました。当事者の地位向上にご尽力されており、本書の出版についても一方ならぬお世話になりました。表紙の絵柄は里母の友人の三階朝子さんの筆になるもので、併せてこの場をお借りしてお礼申し上げます。

## 参考にした図書・資料

1　誹風柳多留、誹風柳多留拾遺：岩波文庫　山澤英雄校訂
2　誹風柳多留：新潮社版新日本古典集成　宮田正信校注
3　川柳　江戸八百八町：東京堂出版　鈴木昶著
4　「江戸の子育て」読本：小学館　小泉吉永著
5　浮世絵にみる江戸のこどもたち：小学館　くもん子ども研究所編
6　横山医院と福田会里親委託制度：福田会育児院研究会編
7　日本の母親再考：ハーベスト社　深谷昌志著

# 著者　青葉紘宇（あおば こうう）略歴

昭和19年生まれ。実子2人は既に家を離れ夫婦2人による里親生活。平成9年、小学生の里子受託から始まり里子が4人に増えた頃から、中高生男児専門の里親となる。70歳を機に一時保護を含む短期の里親に登録を切替え、併せて地域のショートステイ協力員として低学年の子どもを預かっている。

昭和42年早稲田大学教育学部卒業。小田原少年院法務教官を経て東京都障害関係施設の指導員。妻が「障害者と共に歩む兄弟姉妹の会」会員であったことから障害者問題に関与し、江東区放課後等デイサービス事業「コピアクラブ」現在理事長。

平成4年足立児童相談所児童福祉司。平成17年品川児童相談所退職し、東京養育家庭の会理事長。令和元年理事長退任。

# 「継ぎはぎ家族」を楽しむ

2020年10月１日　　初版発行

カバーデザイン　長澤　伸
イラスト　　三階朝子

著　者　　青葉紘宇
発行人　　武津文雄
発行所　　グッドタイム出版

〒104-0061　　東京事務所
東京都中央区銀座3-13-7　サガミビル2Ｆ

297-0002　千葉編集室
千葉県茂原市千町3522-16
☎0475-44-5414
E-mail　fuka777@me.com

印刷・製本　中央精版印刷株式会社